機会発見

生活者起点で市場をつくる

岩嵜博論

英治出版

まえがき

新しい製品やサービスの開発、新規事業開発に取り組むとき、みなさんはどんなアプローチをとっているだろうか。商品企画や新規事業に携わる方々に話を聞くと、次のようなケースが多いようだ。

いまある問題をＭＥＣＥ（漏れなく・ダブりなく）で整理する。
アンケート調査などで定量情報を収集する。
情報を分析して、その中から打ち手を選択する。

さらに話を聞いていくと、これまではこうした分析的なアプローチで製品やサービスを考えることが有効だったが、今は市場が成熟して先行きが見えづらくなり、従来の延長線上の発想だけでは通用しなくなっているという。

どうすれば、特定の事業や製品の枠組みを超えた発想ができるだろう？
まったく新しい製品やサービスを生み出している人たちは、いったい何が違うのか？
非連続の価値創造が求められる時代に、自分たちは何をどうすればいいのだろう？

こうした問題意識を持った方々と多くのプロジェクトをご一緒し、また社内外での研修やトレーニングを重ねていき、かれこれ10年近くにわたって「いままでにない新しい製品・サービス・事業をつくるにはどうすればいいか？」ということを考えてきた。

考えて、実践してみて、また考えて、実践する、という試行錯誤の末に、「いままでにない新しい製品・サービス・事業のつくりかた」を自分なりに整理したのが、本書で紹介する「機会発見」というアプローチだ。

本編に入る前に、「機会発見」とはどういうものなのか、少し説明させていただきたい。新しい製品・サービス・事業を生み出すためには、冒頭に出てきた「ＭＥＣＥ」「定量情報」「分析」というやり方を一旦、脇に置く必要がある。むしろその真逆の考え方をすることが、新しい市場をつくるためには不可欠だというのが、みなさんにお伝えしたいメッセージだ。

真逆の考え方とは、こういうことだ。

「ＭＥＣＥ」ではなく、「枠外の視点」を探索する

既知の世界の情報を緻密に収集・分析しても、これまでの枠組みの中でしか発想できない。だから、誰も気付いていない未知の可能性を探索するためには、今知っていることの枠外に目を向けて、新しい市場を示唆する視点を探索することが有効だ。

「定量情報」ではなく、「定性情報」を収集する

定量情報は、既存の枠組みの中にある事柄を合理的・論理的に説明するには向いている。一方で、枠外の視点探索に有効なのは、インタビューや観察などの定性情報による想定外の事実や発見だ。

そこで本書では、新しい切り口や着眼点を得るための定性調査手法として、エスノグラフィ調査やデプスインタビューを紹介する。

「分析」ではなく、「統合」する

「A」、「B」というように　要素を分析・分解することは意思決定には向いているが、新しい市場の可能性を創出するためには、「A」と「B」を合成して「C」という新しい概念をつくる統合的な作業が不可欠だ。

ビジネスの世界で「MECE」で考えることや、定量情報を収集すること、物事を分析的に捉えることは、決して間違いではないし、新しい製品やサービスをつくるときに必要な場面はいくつもある。だが、同じ業界に長くいると、傍から見ると非常識に思えるその業界の習慣が、いつしか自分の中の常識になってしまうのと同じように、ある考え方にどっぷり浸かれば浸かるほど、いままでの延長線上の発想しかできず、なかなか新しいものを生み出せなくなってくる。

この機会発見というアプローチは、著者が日常的に接しているマーケティングの世界で培った経験に加えて、「社会学」と「デザインシンキング」がベースとなっている。これらの領域から生まれた手法は、シリコンバレーの企業や海外のビジネススクール、グローバル企業の研究機関などで積極的に導入され、ビジネスを考える上での新たなスタンダードとなりそうな勢いだ。

みなさんにとって本書が、これまでの価値観やルールから一旦離れるきっかけとなり、「いままでにないもの」を生み出す手助けになることを願っている。

本書に登場する製品やサービス、事業の例は、特定の
商品や組織に基づいておらず、機会発見という考え方を
説明するために著者が考えたものです。

機会発見

目次

第1章 機会発見とは何か？

第1章 機会発見とは何か？

1 新しい市場をつくる方法

ビジネスで何かの課題に取り組む方法として一般的なのが、「既にある問題を分析・分解して、どこから着手するかの優先順位付けを行い、選択する」というアプローチだ。広くビジネスの現場で使われており、みなさんにとっても馴染みがあるだろう。

本書では、この方法論とは大きく異なる「機会発見」について解説する。機会発見とは、「枠外の視点を探索して、統合・構造化によって新しい市場の可能性を創出する」アプローチだ。

既知の問題を分析的に解くアプローチと、枠外の視点を統合的に扱うアプローチ（機会発見）がそれぞれどんなプロセスで行われているのか、その対比を示したのが図1である。

既知の問題を分析的に解くアプローチが有効なのは、状況が明確で、データが取得しやすく、論理的意思決定によって大きな成果が見込めるシーンである。市場が安定的で、将来のロードマップも明確で、顧客ニーズのデータを収集しながら、いくつかある打ち手を分析し、選択的に意思決定を行っていくような状況においてその真価を発揮する。

例えば成長期の液晶テレビ市場がこれにあたる。普及率が低い段階では、まだ購入していない層を特定し、その層のニーズを定量調査によって明らかにし、ニーズを満たす製品を開発することで市場の拡大が期待できる。

だが市場が成熟化し、技術進化が行き詰まってくると、これまでの分析的アプローチでは成果が出にくくなり、新しい市場をゼロベースで創造することが求められる。前述の液晶テレビを例にとると、市場が生まれてから時間が経ってある程度の普及率に達し、製品間の差別優位性が少ない状況をイメージしてもらうとよいだろう。顧客のニーズは既存の製品で満たされており、細かな差別化だけでは市場の拡大を期待することは難しいような環境だ。

まだ存在しない新しい市場では、取り組むべき問題が不明確で、定量的なデータの収集が難しいことも多い。そのため、この

図1▶分析的アプローチと機会発見アプローチ

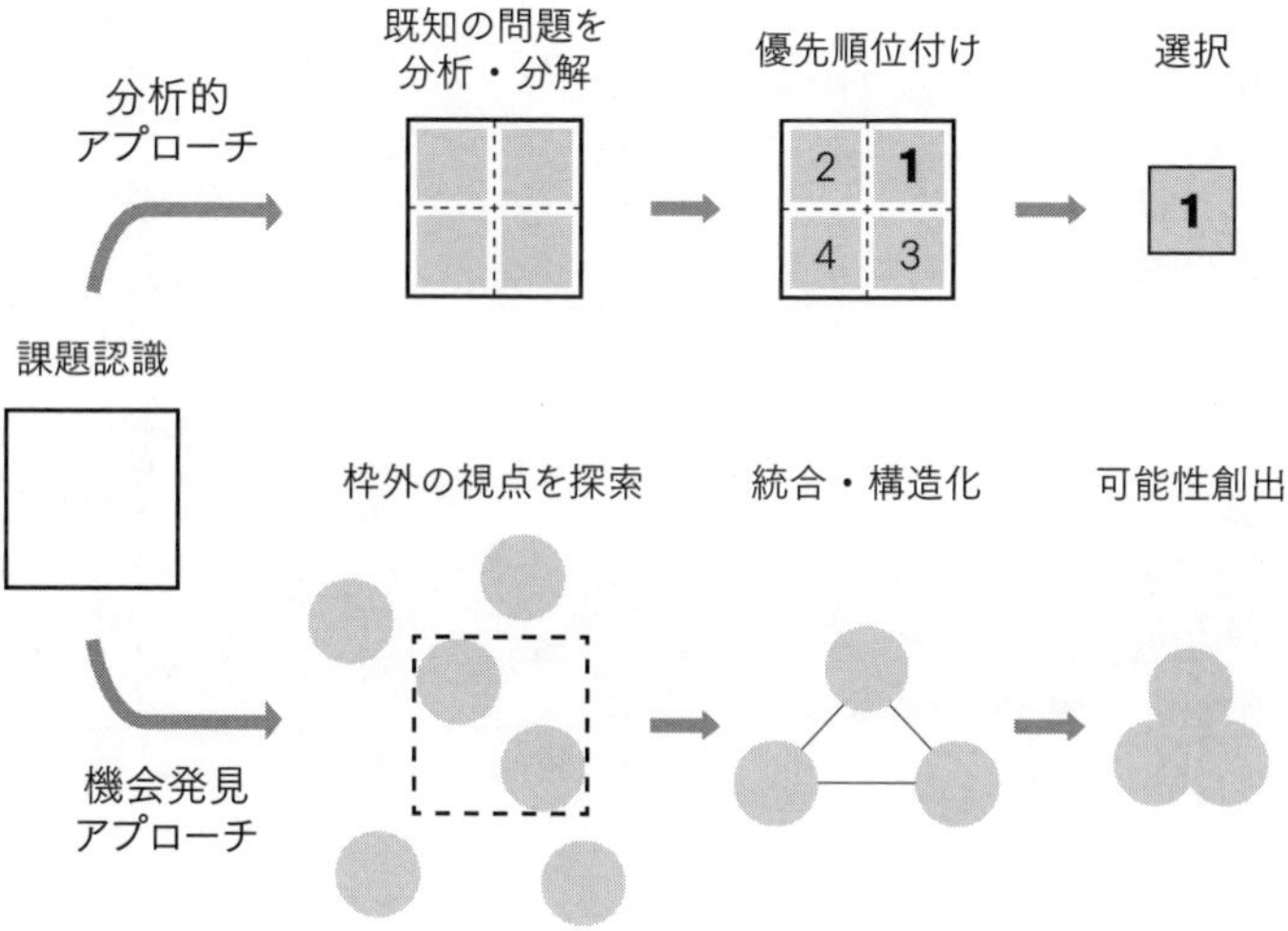

ような状況では、優先順位付けの対象となる選択肢そのものが自明でないことがほとんどだ。そうした場面において、機会発見アプローチは枠外の視点を探索し、定性情報を統合的に操作することで、新しい市場を創造するための糸口を見出していく。

液晶テレビ市場の例で言えば、テレビの周辺で行われている生活者の行動にも目を向けることで、枠外の視点を得ることができるだろう。例えば、タブレットやスマートフォンで行われているコンテンツの視聴態度の観察を通じて、短時間コンテンツ視聴や、コンテンツへのコメント、シェアといった行動に着目することができ、こうした定性情報から新しいテレビの開発の糸口を探索するのが機会発見アプローチの特性だ。

複雑化・成熟化した市場においても、物事を計量的・分析的に操作する方法によって、カイゼン的に「いまよりいいもの」を生み出すことは十分可能だろう。だが企業の成長に真に寄与する「いままでにないもの」、つまり革新的な製品・サービスを開発し、新しい市場をつくるには、機会発見アプローチが必要だ。

その機会発見アプローチの特徴である、「枠外の視点」「定性情報」「統合的操作」について見ていこう。

▼「枠外の視点」を探索する

問題解決の本などでよく紹介されるのが、「漏れなくダブりなく」またはＭＥＣＥ（Mutually Exclusive and Collectively Exhaustive）という概念だ。検討対象となる要素が、対象領域を網羅しており（漏れなく）、かつ要素間の重なりがない（ダブりなく）状態になっていることで、正しい論理的意思決定が可能になるという考え方だ。

対象領域が明確な場合は、収集すべき情報の範囲と内容が決まっているため、「漏れなくダブりなく」要素を収集することが可能だ。一方、機会発見アプローチが必要とされるような、取り組み対象の製品・サービス・事業領域の境目が曖昧な場合、収集すべき要素の範囲が決まっていないため、どこまで要素を収集すれば「漏れがない」状態になるか判断がつかず、実質的に「漏れがない」を実現することは難しい。そのため、機会発見アプローチでは必然的に、枠外の視点を積極的に探索する（図2）。

「漏れなくダブりなく」要素を収集することが難しいだけでなく、新たな製品・サービス・事業領域を創造するためには「既知の枠の外」にあるものを新しい視点として取り入れることが必須だ。例えばPC市場が成熟化した状況を想像して

図2▶「漏れなくダブりなく」と「枠外の視点」

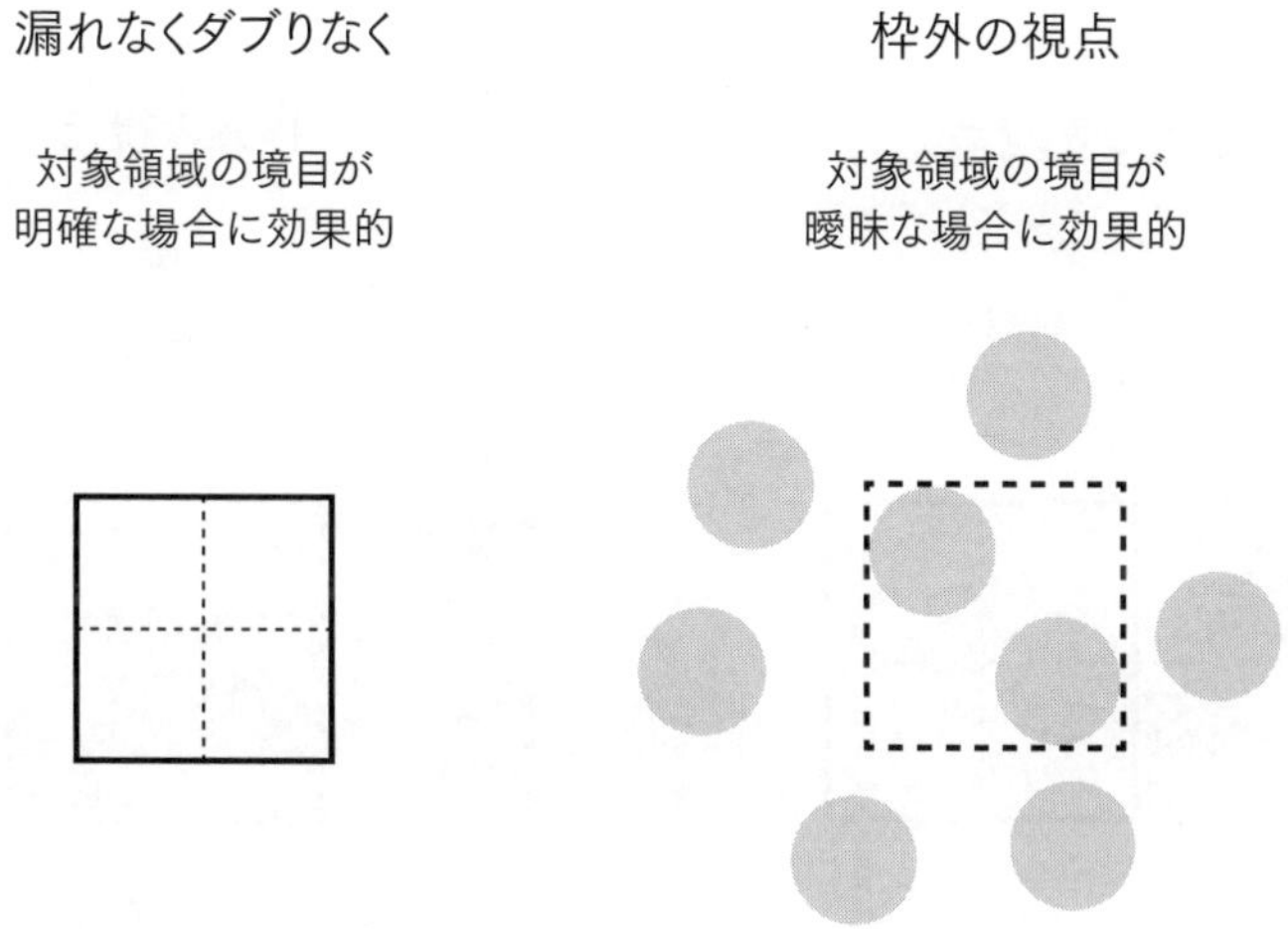
漏れなくダブりなく
対象領域の境目が
明確な場合に効果的
枠外の視点
対象領域の境目が
曖昧な場合に効果的

みると、図3のように、「ハイエンドかローエンドか」「デスクトップかノートパソコンか」というように既知の枠組みの中で考えようとすると、どうしても従来の延長線上のビジネスにとどまってしまうだろう。「いまよりいいもの」ではなく「いままでにないもの」、つまり新しい市場をつくるには、デスクトップかノートパソコンかといった既存の枠組みを超えて、枠外の視点を取り入れることが不可欠なのである。そういう意味で、機会発見アプローチとは、枠外に漏れている要素を積極的に探索する方法だと言える。

▼「定性情報」から想定外の気付きを得る

機会発見アプローチでは、枠外の視点を探索するために定性情報を有効活用する。定量情報とは、アンケート調査の選択回答を統計処理したもの、人口データや売上データなど、

図3 ▶「枠外の視点」の例【PC】

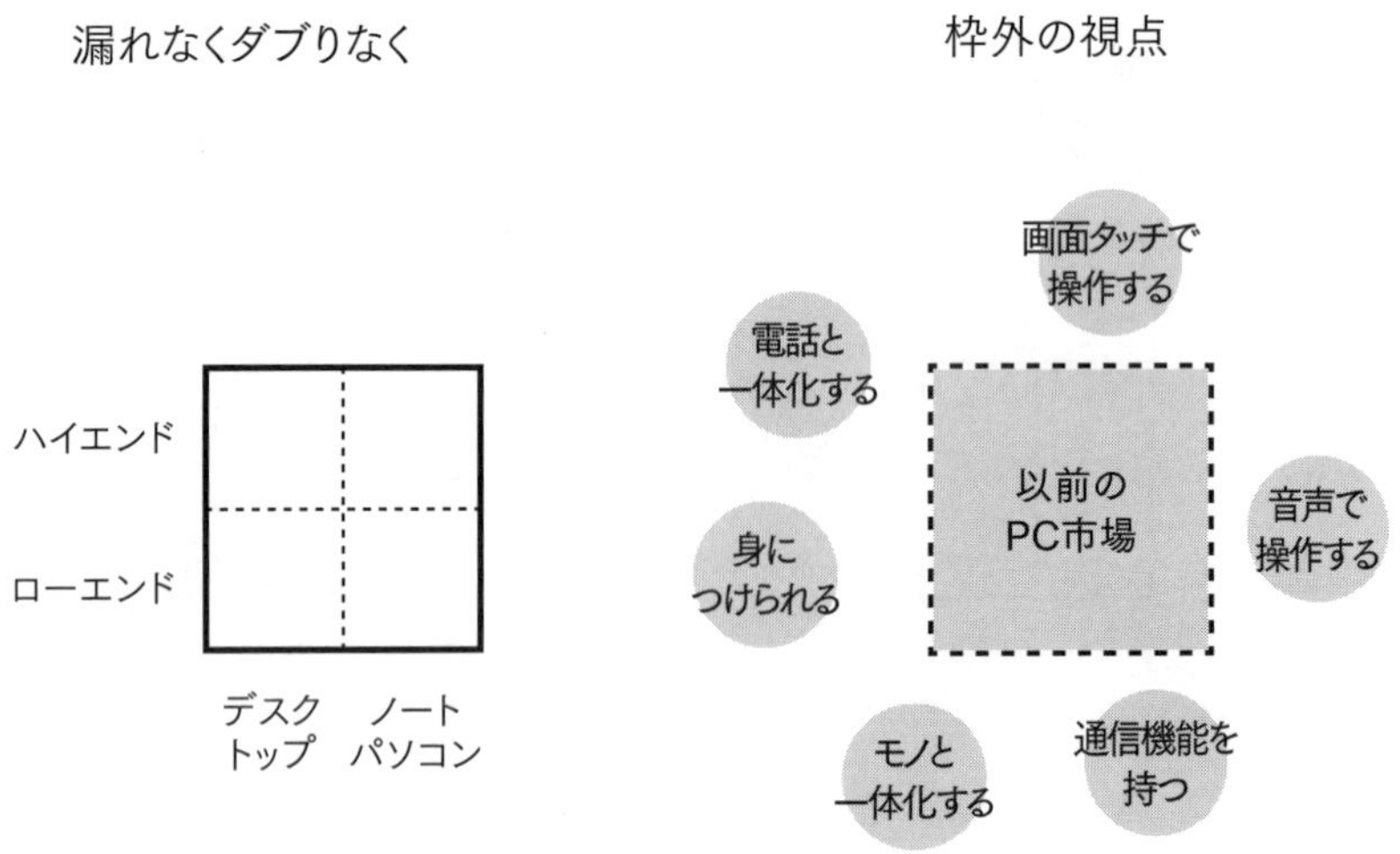

数値化できる量的情報である。一方、定性情報とは、アンケート調査における自由回答や、インタビューの発言、フィールドワーク時の写真や映像など、文章や画像で構成される数値化が困難な質的情報だ（図4）。

定量情報は、アンケート調査の選択肢のように、枠組みを事前に設定したものを計画的に収集するという性質が強い。一方、定性情報は、インタビューの質問に対して対象者が自由に答えるといったように、事前の枠組み設定が弱く、収集される情報も自由度の高いものとなる。自由度が高いとは、自分たちにとって思ってもいなかった「枠外の視点」がもたらされやすいということだ。こうした定性情報を扱うことによって、例えば図3のように、「身につけられる」「モノと一体化する」といった、以前のPC市場のルールから は逸脱した「枠外の視点」を導出することができるのである。

図4▶「定量情報」と「定性情報」

	定量情報	定性情報
特徴	数値化が可能な 量的データ （数字）	数値化が困難な 質的データ （文章、画像等）
例	アンケート調査の 選択回答を統計処理したもの 人口データ 売上データ など	アンケート調査の 自由回答 インタビューの発言 フィールドワーク時の 写真や映像 など

▼「統合的操作」で新しい概念を導き出す

収集した情報の操作においても、分析的アプローチと機会発見アプローチには違いがある。分析とは英語でアナリシス（Analysis）といい、細かい要素に分解するという意味がある。優先順位付けや選択を行うためには要素分解が必要だ。

一方、機会発見アプローチでは「統合」という情報の操作を重視する。統合とは英語でシンセシス（Synthesis）といい、アナリシスの対語として用いられる。接頭辞のSynには同時に、一緒にという意味があり、Synthesisには要素同士を一緒にする、合成するという意味がある。要素と要素を統合することで、機会発見につながるという考え方だ。

分析がAとBに分けて整理したものを比較し選択することだとすると、統合はAとBに分けた後、両者を合成することでAでもBでもないCを生み出すことを意図するものである。

既存の問題に対処するなら、収集すべき情報の範囲と内容が明らかなので「分析的操作」が有効だが、枠外の視点から新しい機会領域を発見・特定するにはそれでは不十分だ。既知の要素の比較だけではなく、AとBからCを生み出すには「統合的操作」が求められる。それはつまり、先ほど枠外の視点として述べた「モノと一体化する」がA、「通信機能を持つ」がBだとすると、あらゆるモノがインターネットでつながる「IoT」という新しい概念を導き出すといった具合だ。

◆

機会発見というアプローチにおいて、その柱となるのが、「枠外の視点を探索すること」、「定性情報を扱うこと」、そして「情報を統合的に操作すること」の3つだ。図5のように、これまでの分析的アプローチとは情報の収集対象も、種類も、操作も全く異なる。

新しい市場をつくるために、どうして今までのやり方ではうまくいかないのか。なぜ機会発見アプローチが必要なのか。その理由をさらに詳しく考えていくために、次項では「そもそも機会とは何か」について、いくつかのケースを交えながら解説していこう。

図5 ▶ 情報の収集対象、種類、操作の違い

	分析的アプローチ	機会発見アプローチ
収集対象	漏れなく、ダブりなく	枠外の視点
種類	定量情報	定性情報
操作	分析的操作	統合的操作

2 機会とは何か？

▼新しい製品・サービス・事業を生み出す「見立て」

本書で述べる「機会」とは、事業領域の設定と製品の企画の間に位置づけられる、新しい常識で製品・サービス・事業を生み出すための「見立て」である。これまでの延長線ではない価値提供が求められる成熟市場において、「事業領域の設定」と「製品の企画」の橋渡しとして、新しい機会を特定することの重要性が高まるのではないかというのが本書の問題提起である（図6）。

今ではすっかりおなじみとなったノンアルコールビールだが、それまでは、ビール製品といえばアルコール飲料であることは疑うまでもない製品企画の常識だった。そこにたとえば、「ビールの気分で飲めるノンアルコール飲料」という新しい機会を特定することによって、これまでの常識とはまったく異なる、ノンアルコールビールというビール事業の新たな市場をつくることができる（図7）。

カメラ／写真の領域では、「自分撮り《セルフィー》」も新しい機会だと言えるだろう。従来のカメラ／写真という事業領域において、製品企画の争点は、画素数やセンサー性能など、いかにきれいな写真が撮れるかだった。ここに、「自分撮り」という機会が見出され、自分撮りしやすいかどうかという新たな開発要件が生じた。その結果、背面の液晶が180度回転して撮影者のほうに向くデジタルカメラが登場したり、さらには画像加工のしやすさ、シェアしやすさといった、これま

図6 ▶ 機会とは何か？

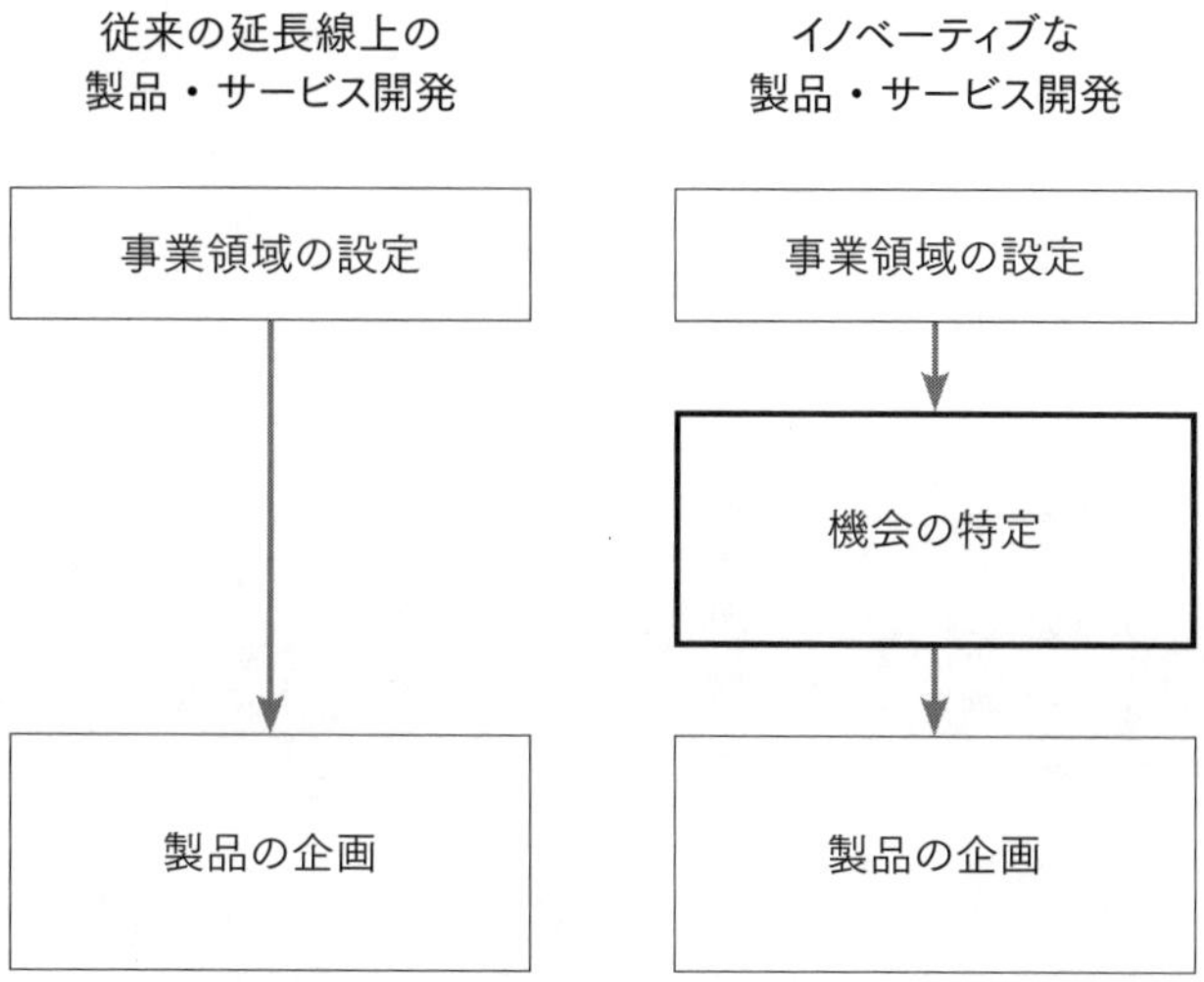

図7 ▶ 機会の例【ノンアルコールビール】

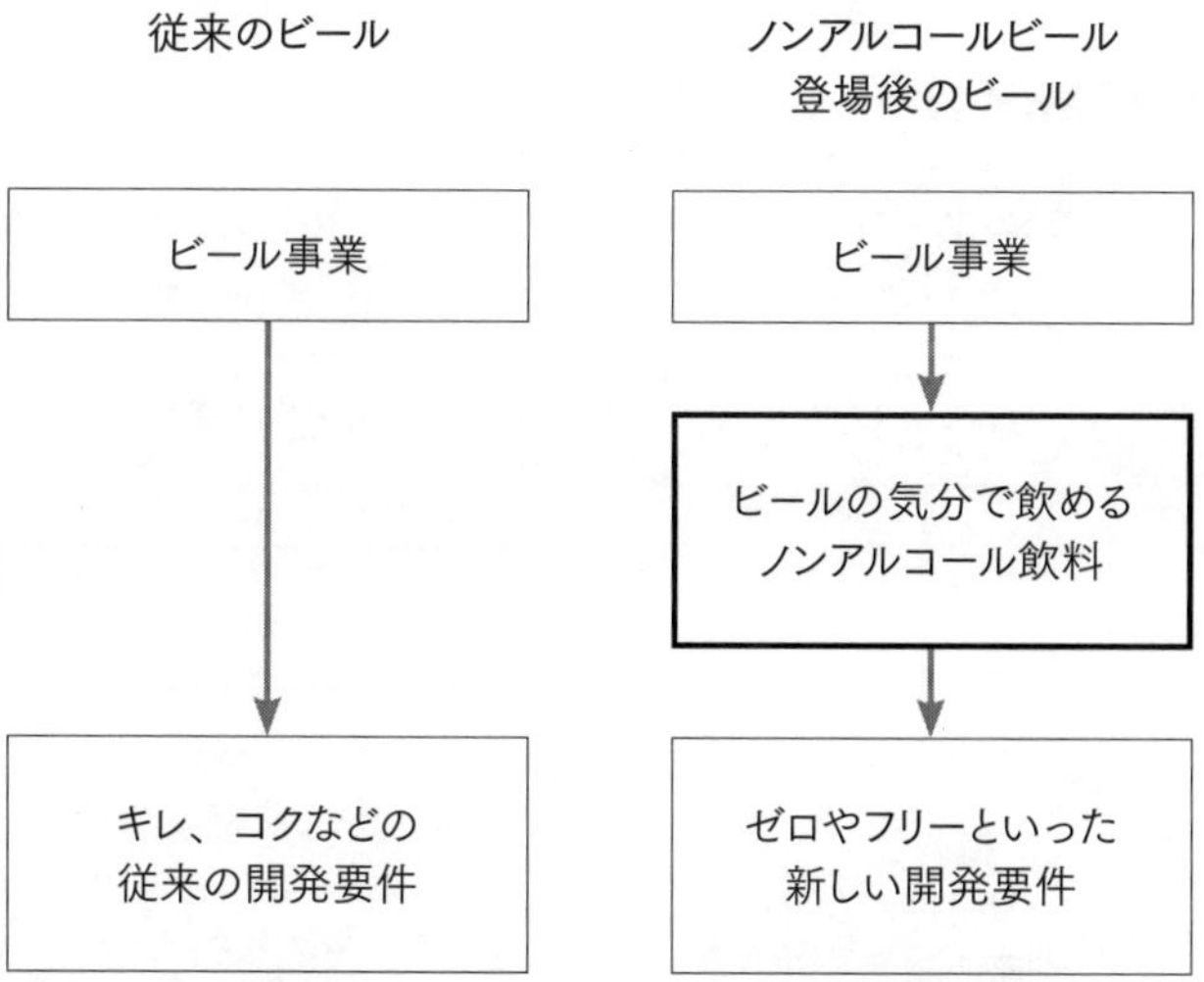

でにない製品企画の争点が生まれている（図8）。

メッセンジャーアプリの世界も、新しい機会の発見によって製品企画の争点が変化してきた領域だと言える。従来のメッセンジャーアプリは、文字のみのコミュニケーションが当たり前だったが、「ビジュアルコミュニケーション」という機会が発見されたことによって、ビジュアルを活用したメッセージ機能という新たな開発要件が生まれた。その結果、絵文字やスタンプ、写真、写真加工のためのフィルターといったそれまでになかった新しい機能が実装されたのである（図9）。

このように、「機会」は新しい市場をつくるために不可欠なものだが、既存市場においても「機会」は存在する。携帯電話事業を例に考えてみよう。「昔の電話に形状が近くて手になじみやすく、コンパクトにたたんで携行できる電話」という機会の発見によって、フィーチャーフォンが誕生した後、今度は「パソコンと同等に使える、柔軟性のあるユーザーインターフェースを持つ通信機器」という機会が見出されたことによって、スマートフォンという新たな市場が生まれた。その結果、製品企画の争点は、「外側の色や形状」「ボタンの押しやすさ」から、「タッチUI」「アプリ／アプリストア」へと変化した（図10）。

このとき、既存の機会をさらに追求していくか、あるいは、

図8 ▶ 機会の例【自分撮り】

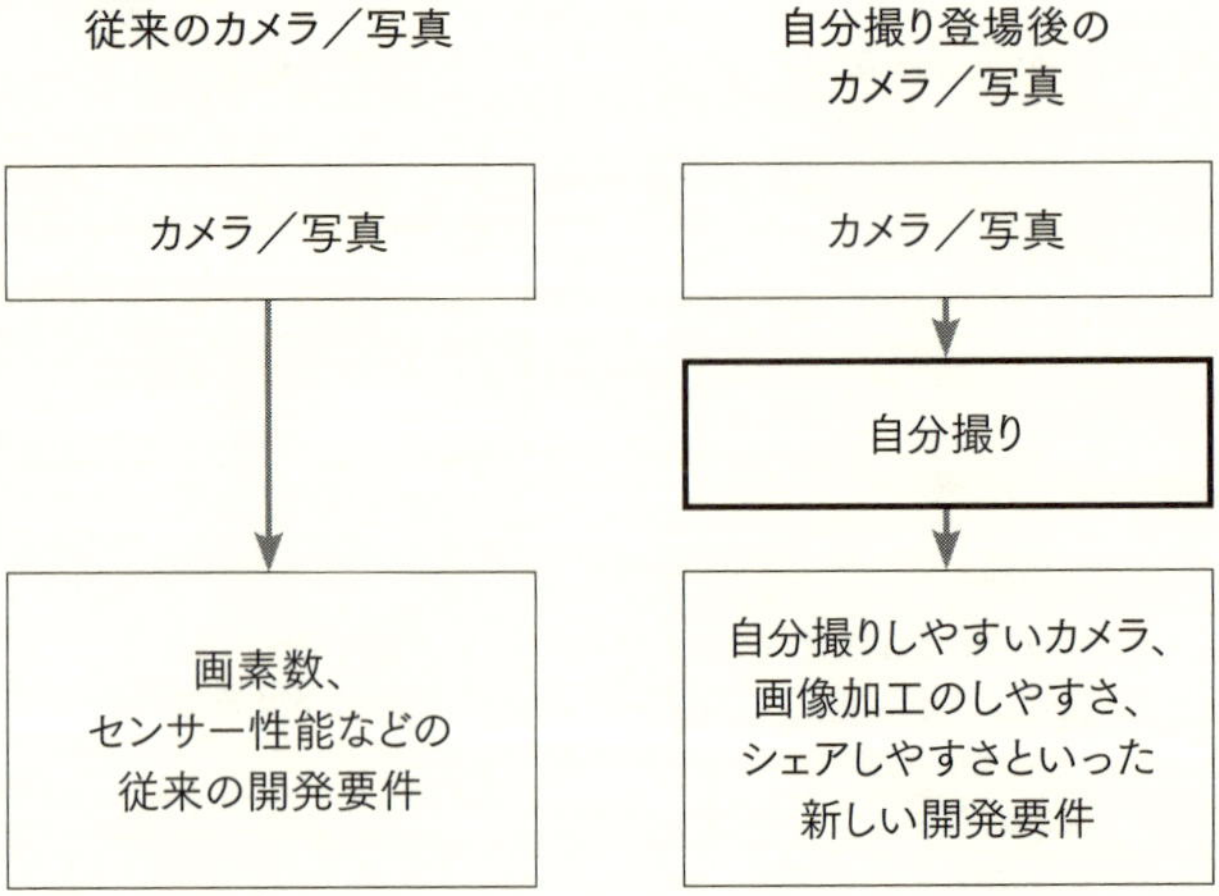

図9 ▶ 機会の例【ビジュアルコミュニケーション】

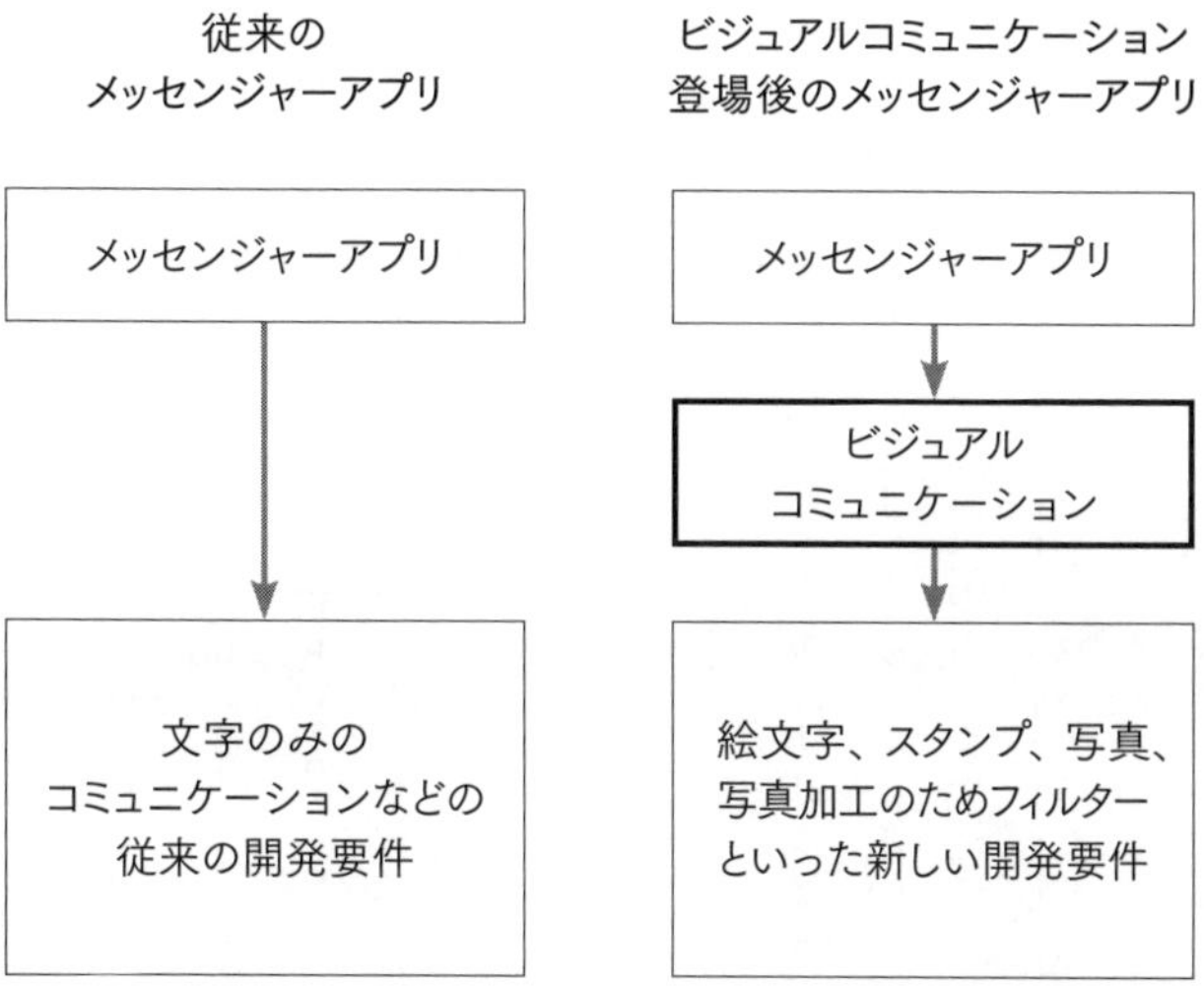

図10 ▶ 機会の例【既存の機会と未知の機会】

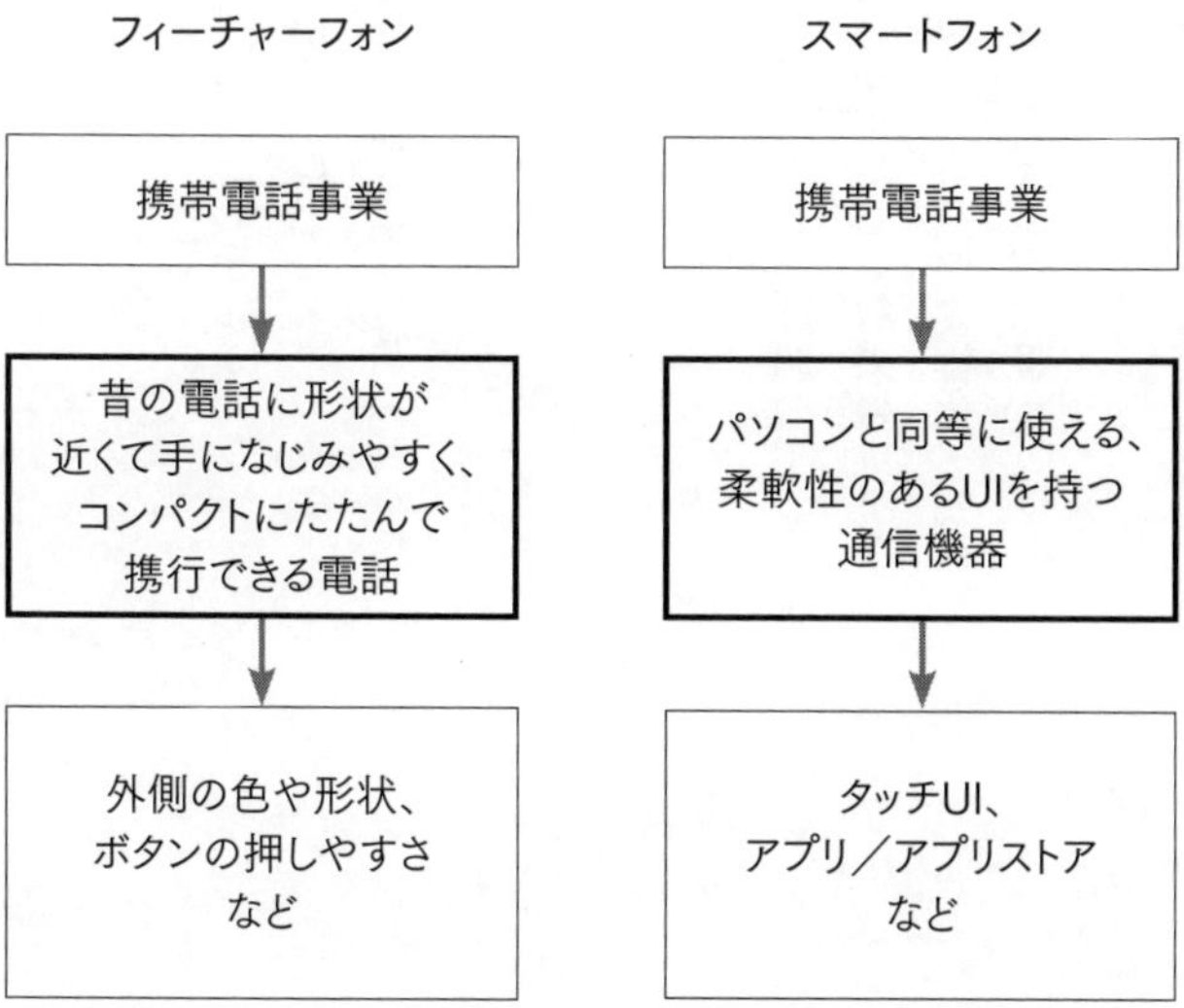

未知の機会を探索するか。従来の事業領域・製品企画にしがみついていくか、それとも、他に先んじて自ら新しい市場をつくるか。道は2つあるが、本書は後者のためのアプローチを紹介する。

◆

「ビールの気分で飲めるノンアルコール飲料」「自分撮り」「ビジュアルコミュニケーション」といった機会を発見すると、それは新しい製品・サービス・事業を生み出す糸口となる。さらに考えを進めていくと、機会とは製品企画の「根拠」、いわば「発想のジャンプ台」であり、「試行錯誤の起点」であることがわかってくる。

▼発想のジャンプ台

複雑化・成熟化した市場における製品・サービス・事業の開発において、大きな課題の1つが、何を根拠に方向性を考えればよいか明確ではないということだ。市場が安定的で、将来のロードマップも明確な時は、現在の市場ルールを根拠に方向性を考えればよかった。だが複雑化・成熟化した市場は常に変化にさらされているため、既存のルールを適用するのではなく、新しいルールを創造することが求められる。

こうした状況において、具体的な製品・サービス・事業のアイデアを考える前に機会を特定することのメリットは、方向感の定まった発想ができる点にある。新しい製品・サービス・事業の「見立て」である機会を見定めることによって、可能性のある領域に根ざした発想が可能になる。

いわば機会は、新しい製品・サービス・事業を発想する上での「ジャンプ台」のようなものだ。

一方、ジャンプ台なき発想は、方向感がバラバラな、レベルの低いものになりがちだ。機会を特定しないまま、未来に対する確信と根拠がない状態で発想しても、暗闇に向かって矢を放つような無駄撃ちが増えてしまう（図11）。

例えば、前述のビールを例に考えてみよう。機会が見出されていない状態での発想は、何でもありなので、コーヒー味のビール、炭酸抜きのビール、温めて飲むビールなど、方向感が定まらないものになってしまう。その中から新しいビジネスが生まれてくる可能性は否定できないが、うまくいく確率にバラつきが出てしまうだろう。

だが、「ビールの気分で飲めるノンアルコール飲料」という機会が定義されていれば、麦芽の香りを強調したノンアルコールビール、既存ブランドの兄弟商品のように見えるノンアルコールビールといったように、機会を体現する方向感の定まったアイデアを考えることができる。「発想のジャンプ台」としての機会は、製品・サービス・事業の開発における根拠となり、市場が不安定で将来のロードマップも不明確な状況において大きな助けとなるだろう。

図11 ▶「発想のジャンプ台」としての機会

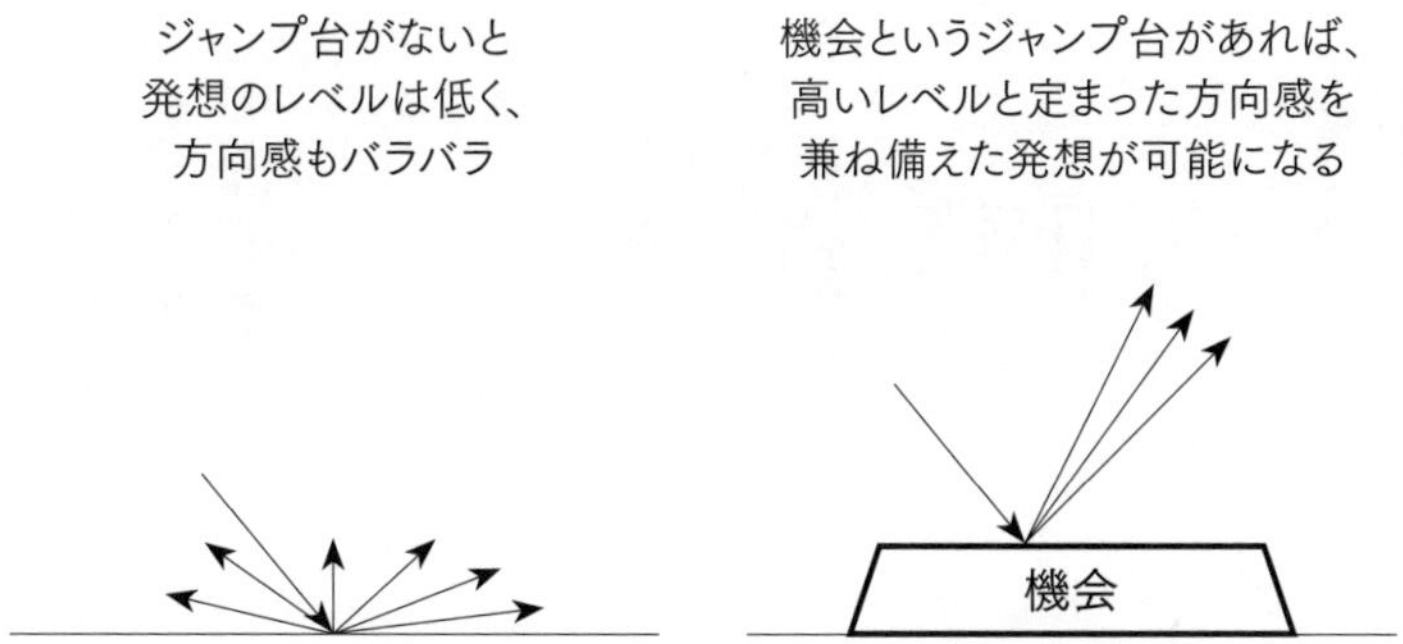
ジャンプ台がないと
発想のレベルは低く、
方向感もバラバラ
機会というジャンプ台があれば、
高いレベルと定まった方向感を
兼ね備えた発想が可能になる
機会

▼試行錯誤の起点

「機会の特定」が、「事業領域の設定」と「製品の企画」の間に位置づけられることは既に述べたとおりだが、新しい製品・サービス・事業を考えていく上で機会が見定められていると、仮に製品の企画がうまくいかなくても、振り出しに戻ることなく、「機会」に立ち返って製品企画をやり直すことができる。

製品の成否は、偶発的なものも含めた個別の事情に大きく左右される。上市のタイミングが消費者の嗜好の変化より早すぎたためその製品は失敗したが、後続の製品はヒットしたというのもよくある話だ。

こうしたときに確度の高い機会を捉えておくことで、振り出しに戻るのではなく、機会に立ち返ってその機会を具現化する別の製品を検討することができる。反対に、機会の設定がないまま思いつきで製品を企画していると、何が新しい市場の可能性なのかわからないまま、盲目的に製品開発を繰り返すことになってしまうだろう。

前述のメッセンジャーアプリを例に考えてみよう。新しいビジネスの「見立て」である機会を特定しないまま、思いつきでメッセンジャーアプリの新機能としてボイスメッセージを開発し実装したところ、残念ながら一定数以上にユーザー数が広がらなかったとする。このように機会の設定がない場合には、振り出しに戻って再びアイデアを一から練らなければならない。

一方、ビジュアルコミュニケーションという機会のもと、マンガのフキダシ風のメッセージ機能を実装した場合、仮に市場に受け入れられなかったとしても、ビジュアルコミュニケーションという機会が設定されているため、例えば絵文字や、スタンプなど、機会を起点にした次のアイデアを考えることができる（図12）。

新しいビジネスの開発は、試行錯誤の繰り返しだ。必ずしも一度の挑戦でうまくいくとは限らない。だが何度も振り出しに戻ると、気持ちが萎えてしまいかねない。そういうときに、「機会」はプロジェクトにとっての拠り所となり、持続的な試行錯誤が可能になる。

◆

ここまで述べてきたように、機会とは、新しい製品・サービス・事業を生み出す「見立て」であり、さらに「発想のジャンプ台」、「試行錯誤の起点」という側面がある。機会を発見した後は、まさにそれを「根拠」として製品・サービスを具体化していくのだが、その「根拠」が本当に妥当なものかどうか、どう判断すればよいのだろうか。

機会発見アプローチでは、「生活者起点の共感」に基づいて確信が持てる機会を導出する。その考え方について、次項で解説しよう。

図12▶「試行錯誤の起点」としての機会

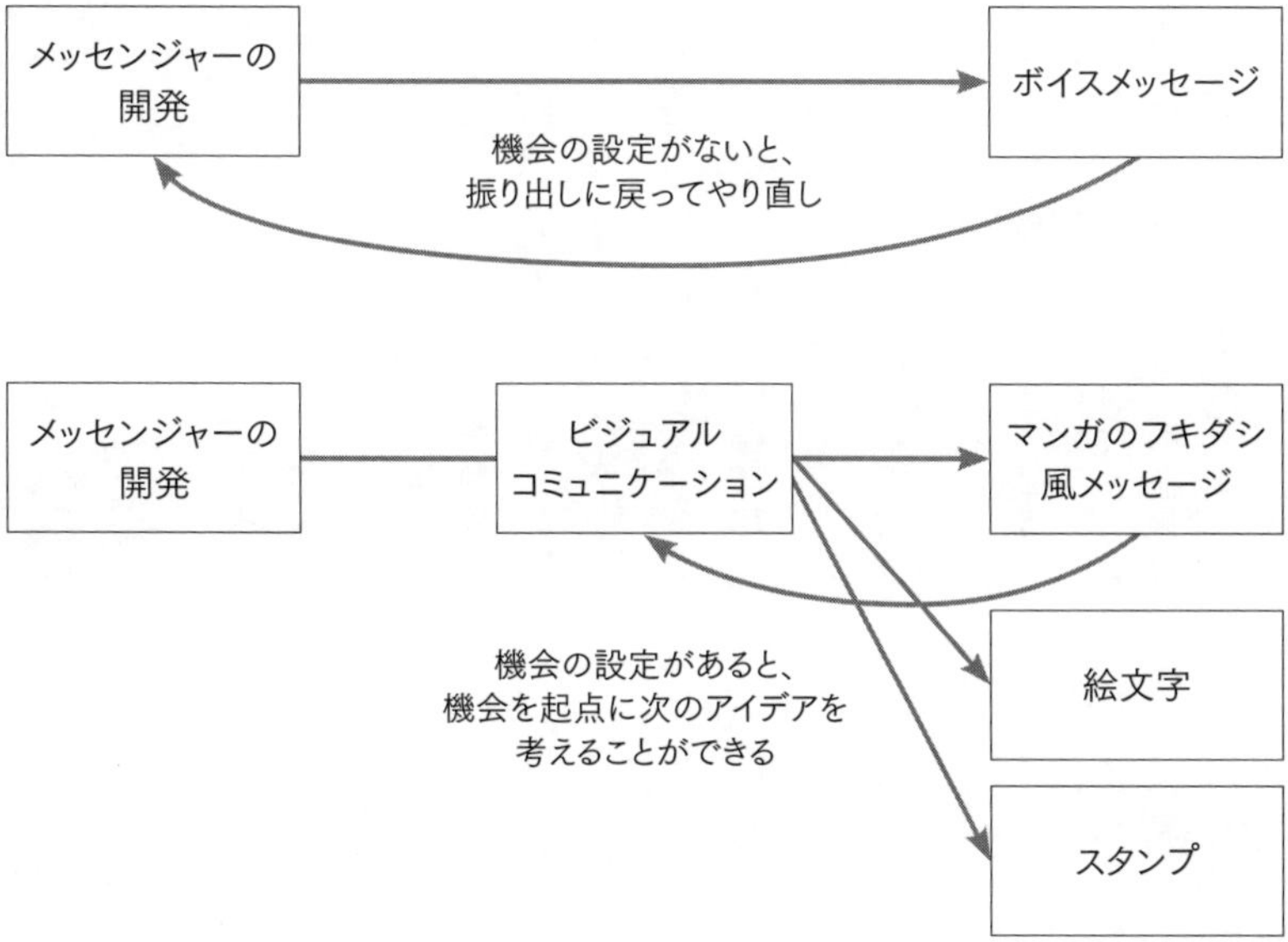

3 生活者起点の機会発見

▼「技術起点」から「生活者起点」へ

イノベーションの概念が日本に導入された際に「技術革新」と翻訳されたことからもわかるように、イノベーションは技術起点の文脈で語られることが多かった。例えば、「計算機は算盤に始まり、計算尺、卓上計算機、電卓、コンピュータ、と技術の進展に伴ってイノベーションが生まれ、大きく変化してきた」といった具合だ。だが近年、この状況にも少しずつ変化が見られ、イノベーションの源泉が、「技術起点」から「生活者にとっての価値起点」へと移行しつつある。

変化の象徴として注目すべきは、技術の進化があるレベルに達した結果、技術だけでは顧客にとっての価値創出に結びつかないケースが出てきていることだ。コンピュータを例にとると、以前であればプロセッサの演算速度向上が、PCの体感動作速度に直結するなど端的な顧客の便益につながったが、今では多少の性能向上ではその違いを実感することが難しい。

一方、世界のビジネスを席巻しつつあるタクシー配車サービスは、技術的な革新性ではなく、提供される顧客体験の革新性によって利用者の支持を得ている。アプリを使って車を呼び、行き先設定や支払いまでもすべてアプリで完結、という顧客体験は、まさに生活者にとっての価値を起点に生まれたイノベーションだと言えるだろう。

▼生活者起点アプローチ

タクシー配車サービスに限らず、いま起きているイノベーションの源泉は、技術の革新性ではなく、顧客体験の革新性である。こうした背景を踏まえて、本書では「生活者起点の機会発見」について解説する。生活者起点の機会発見とは、新規事業や新製品・サービスのエンドユーザーである生活者に対して、定性調査による探索を行うことで、そこから新しいビジネス機会を発見するアプローチである。

前述のノンアルコールビールを例に、「生活者起点の機会発見」について考えてみよう。若者のアルコールビール離れが進んでいると言われる中で、若者層にいろいろ話を聞いてみたところ、たとえば、ビール気分は味わいたいけど、夜にネイルをするときに酔うとうまくできないので、お酒は飲みたくないという意見があったとする。これは、ビールの気分は好きだけど、酔うまでは飲みたくないということれまでのアルコール飲料開発の常識では捉えきれない価値観だと言える。定性調査を通してこうした生活者の動機や価値観に真摯に向き合うことで、ビール気分で飲めるが、酔うまでには至らないノンアルコール飲料という生活者起点の機会を根拠とした新しい市場を生み出すことができるだろう(図13)。

自分撮りも、生活者起点の機会発見だと言える。セルフィー(selfie)

図13 ▶ 生活者起点の機会発見の例【ノンアルコールビール】

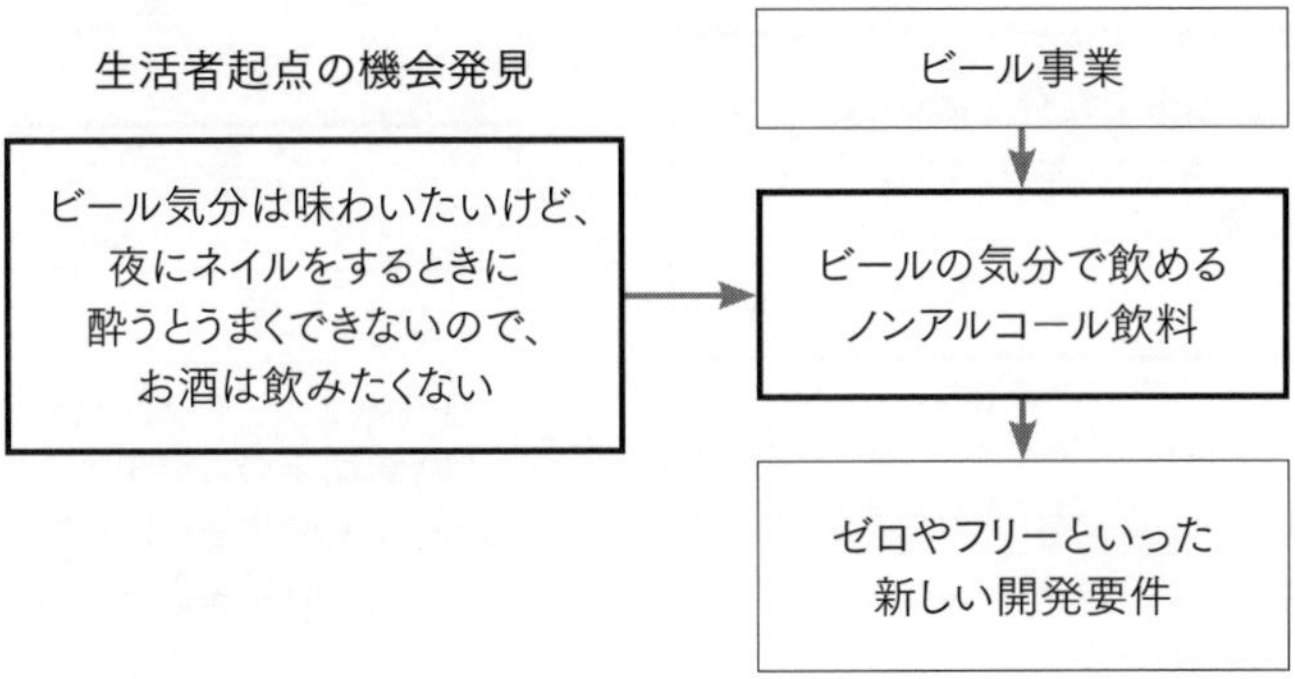

という自分撮りを意味する英語は２０００年代初頭から使われ始め、今では英語圏の辞書に載るまでになっているが、これは特定の事業者が提供した概念ではなく、生活者の行動の中から生まれたものだ。

デジタルカメラや携帯カメラの普及とともに、写真を撮ったらすぐに誰かと一緒に見て盛り上がるのが当たり前になり、やがて自分で自分を撮りたい、ツーショットを自分で撮りたい、撮ったものを見せ合ったりシェアしたいという欲求と行為が、生活者側から自然に生まれた。その結果、カメラ／写真の事業領域において「自分撮り」が機会となり、自分撮りしやすいカメラ、画像加工のしやすさ、シェアしやすさといった新しい開発要件が次々に登場していった（図14）。

さらには、デジタルカメラやスマートフォン単体では自分撮りをするには不便だったため、自撮り棒が人気を博し、観光地に行けば自撮り棒で自分撮りを行う生活者を目にするようになった。

◆

生活者起点の機会発見アプローチは、欧米のデザインスクールなどでは人間中心（Human Centered）アプローチと呼ばれ、世界のビジネス界で注目の方法論である。生活者にとっての意味や価値を起点として、新しいビジネス機会を創出する手法として期待されている。

図14 ▶ 生活者起点の機会発見の例【カメラ／写真】

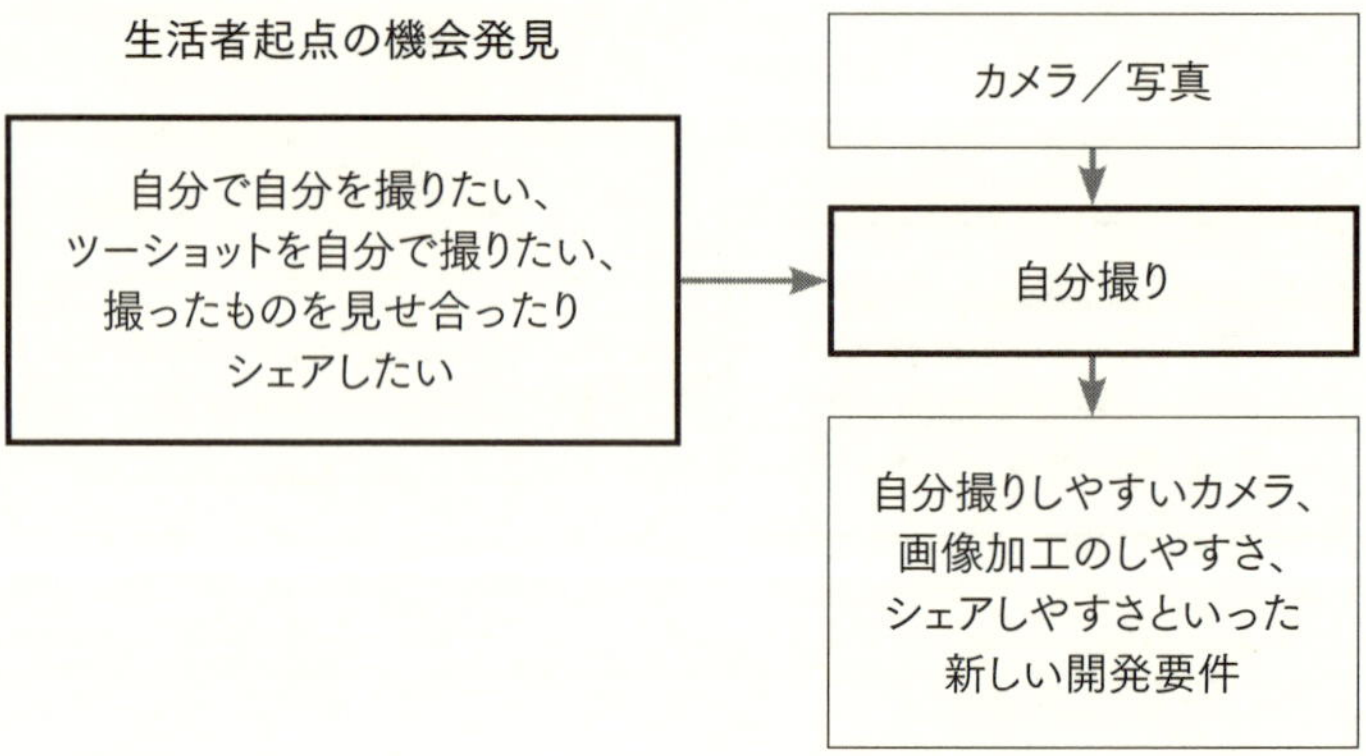
生活者起点の機会発見
自分で自分を撮りたい、ツーショットを自分で撮りたい、撮ったものを見せ合ったりシェアしたい
カメラ／写真
自分撮り
自分撮りしやすいカメラ、画像加工のしやすさ、シェアしやすさといった新しい開発要件

生活者起点の機会発見アプローチはその名のとおり、ＢｔｏＣと呼ばれる生活者・消費者に直接的に価値提供するビジネス形態に適した方法論である。だがＢｔｏＢ型の事業であっても、エンドユーザーとして生活者・消費者を想定できる場合は、生活者起点の機会発見アプローチを有効活用することができるだろう。本書では様々な業界の製品・サービス・事業の例が登場するので、ぜひ自分自身が携わるビジネスをイメージしながら読み進めてほしい。

では次に「生活者起点の機会発見」が注目されるようになった背景をいくつか見ていこう。

▼デザインシンキングにおける生活者起点アプローチ

昨今、デザインシンキング（あるいはデザイン思考）と呼ばれるアプローチが製品・サービス・事業の開発に活用されている。デザインシンキングにおいても、生活者起点の機会発見は欠かせない要素である。

デザインシンキングとは、デザインやクリエイティブの方法論を形式知化し、一般のビジネスパーソンでも活用できるように整えられたプロセスとマインドセットのことだ。最近では伝統のあるビジネススクールでもデザインシンキングを教えるようになった。

デザインシンキングのプロセスは、定性調査を通じて生活者を理解して、何が問題なのかを定義した後、ブレインストーミングなどを通してコンセプトをつくり、それを簡易的に実物化したプロトタイプによってテストを行いながらコンセプトを具現化していく、というものだ。その実践に必要なマインドセットとしては、観察と発見を大切にする、異なる要素を結合させる、手を動かしながら考えるといったことが挙げられる。

本書で紹介する、「生活者起点の機会発見」プロセスは、デザインシンキングプロセスの前半部を深掘りしたものだ。機会発見プロセスと、スタンフォード大学のデザイン教育機関であるd.schoolのデザインシンキングプロセスを比較すると、図15のような関係だ。デザインシンキングの世界でも、本書で紹介するデプスインタビューやエスノグラフィ調査などの定性的な調査方法が用いられ、生活者起点のビジネス機会が探索されている。

▼共感から新しい機会を発見する

生活者起点の機会発見アプローチでは、生活者に対する「共感」を重視する。前述のように、従来のビジネスモデルや技術に加え、生活者にとっての価値が、利益創出の源泉となってきたことがその背景にある。そのため、生活者のことをより深く理解し、彼らにとっての価値を探索することがこれまで以上に重要になってきている。

だが生活者の価値を探索するといっても、彼らの「顕在的なニーズ」だけが対象では不十分だ。顕在的なニーズとは、生活者が既に認知している問題なので、別のプ

図15 ▶ デザインシンキングプロセスとの対比

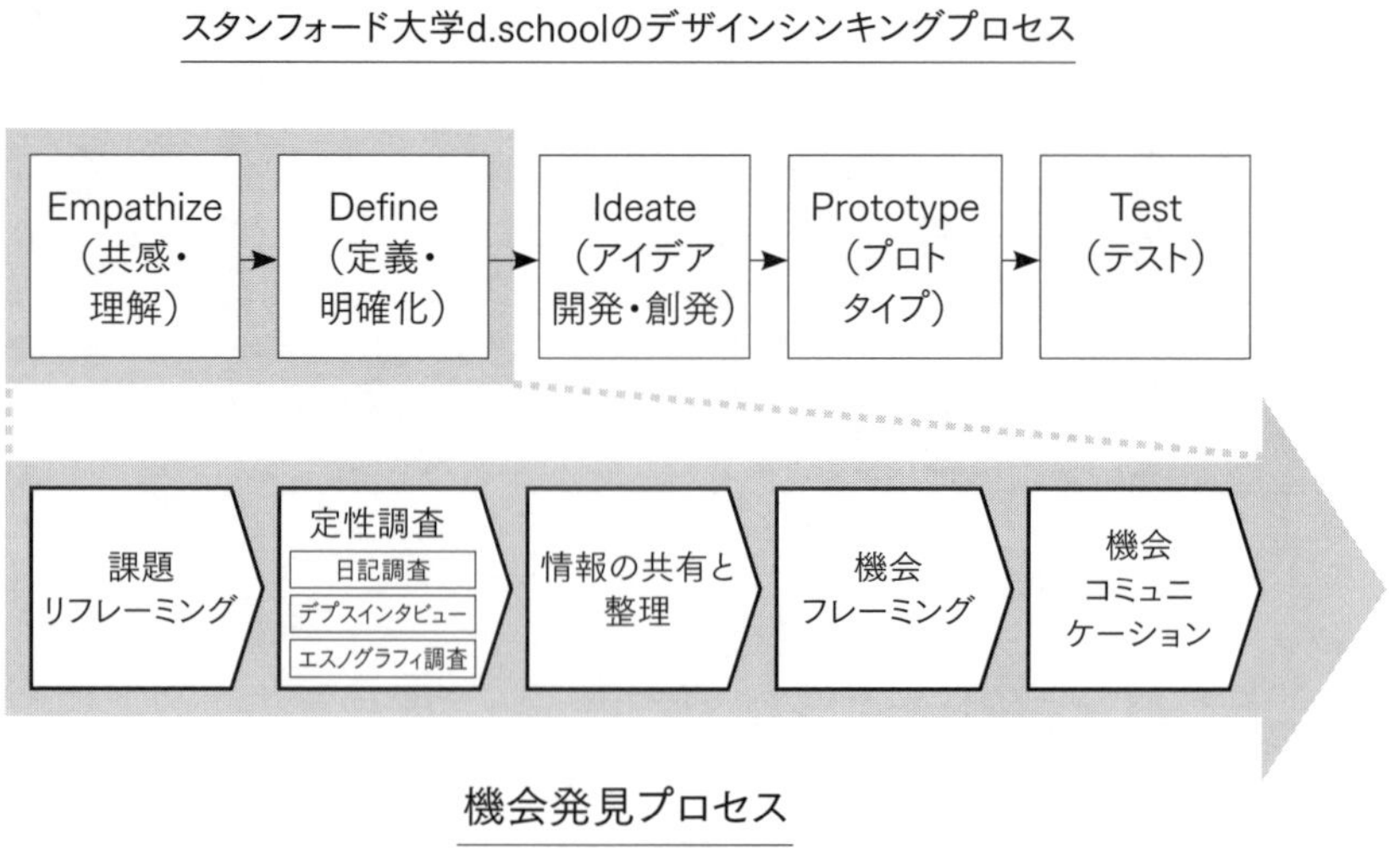

レイヤーが既にニーズを満たす製品・サービスを企画していることも多い。また、そうした顕在的なニーズを満たす製品・サービスを提供したとしても、ニーズ自体は「既にあるもの」なので新しい市場の創造には至らず、現在の延長線上のビジネスにとどまってしまう。

そのため、新しい市場のチャンスを捉えるためには、生活者も競合他社も気付いていない「潜在的なニーズ」に着目することが不可欠だ。

そして、潜在ニーズを探索する上でポイントとなるのが、生活者への「共感」である。機会発見アプローチでは、生活者がどんな動機や価値観のもとで行動・購買しているかを知るために、生活の現場に直接赴き、深く理解・共感することを大切にする。本書では主に、第5章の「エスノグラフィ調査」で生活者への理解・共感について詳しく述べていくが、販売統計やアンケート調査結果などの定量的なアウトプットを手がかりに生活者の実態を知ろうとするのが一般的だ。しかし、そうした定量調査からもたらされる情報だけでは、まだ顕在化していない生活者の悩みや困り事といったことまでは深く理解できず、生々しい生活者像を描くことが難しい。

エスノグラフィ調査をはじめとする定性調査は、定量調査と比べて時間もコストもかかる。だが生活の現場に赴いて、対象者を全人格的に理解しようとする行為を通じて得られる、生活者への深い理解と共感は、何ものにも代えがたい。

前述のノンアルコールビールを例にすると、「ビール気分は味わいたいけど、夜にネイルをするときに酔うとうまくできないので、お酒は飲みたくない」という意見を述べた、たった1人の生活者にとことん向き合うことが、機会発見アプローチにおける定性調査だ。なぜそう思うのか、どうしてそう感じるようになったか、といった動機や価値観にまで迫り、潜在的なニーズを探索していくことによって、生活者への共感がベースとなった新しいビジネスの機会を捉えることができる。

4 機会発見の活用シーン

これまで述べてきたように、機会発見とは、新製品・サービス開発や新規事業開発の現場で活用するアプローチだ。それに加えて、研究開発テーマの探索においても効果を発揮する。

本章の締めくくりとして、従来型の開発アプローチと対比しながら、機会発見の活用シーンについて見ていこう（図16）。

▼新製品・サービス開発

従来の分析的なアプローチに基づく新製品・サービス開発は、既存の問題を出発点としているため、不満を改善したものは生み出せるかもしれないが、これまでの延長線上での成果に留まってしまう。

「いまよりいいもの」ではなく、「これまでにないもの」を自分たちでつくりたい。そういう思いがある人にとって、枠外の視点を探索・統合して、新しいビジネスを創造する機会発見アプローチは、うってつけだろう。「課題リフレーミング」から始まる機

図16 ▶ 従来型と機会発見の比較

	従来型	機会発見アプローチ
新製品・サービス開発	従来の延長線上の製品・サービス開発	イノベーティブな製品・サービス開発
新規事業開発	プロダクト起点の新規事業開発	生活者起点の新規事業開発
研究開発テーマの探索	理系領域の専門性とテーマ	社会科学的なアプローチ

会発見の5つのステップでは、常に外部性を意識しながら枠外の視点を積極的に取り入れていくため、プロジェクト開始当初は思ってもいなかった、まさに「これまでにないもの」が生まれてくる。

従来の延長線上の製品開発ではない、イノベーティブな製品開発を目指す上では、ぜひ本書を参考にしてほしい。製品・サービス開発の切り口が明確でない、具体的にどんな手順で取り組めばいいのかわからない、といった現場の悩みに応えられるよう、実践におけるプロセスやマインドセットについて、1つひとつ丁寧に解説していきたいと思う。

▼新規事業開発

多くの新規事業は、自社技術の活用を念頭に置いた、プロダクト起点のアプローチで取り組んでいるのではないだろうか。例えば、製紙メーカーが自社技術を応用して、紙おむつなどの日用品市場に進出するといった考え方だ。

もちろんこうした方法からも新規事業開発は可能である。だが機会発見アプローチが念頭に置くのは、「技術」ではなく、「生活者」だ。生活者への理解と共感を通して、彼らにとっての価値を探索し、新しいビジネスの機会を創出する「生活者起点」のアプローチだ。

新規事業開発において、例えばヘルスケアやシニア市場といった事業領域の大枠は決まっているものの、具体的な製品企画がはっきりしないといったケースにおいて、ゼロベースで機会を発見し、そのコンセプトを組織内に伝達するまでの方法を本書は提示する。

▼研究開発テーマの探索

機会発見の活用シーンとして最後に触れておきたいのが、研究開発テーマの探索だ。大企業の研究開発部門の多くが、工学や理学といった理系領域を専門としているが、ここに社会学や文化人類学をベースとする機会発見アプローチを活用することで、未来志向、生活者志向の研究開発テーマを導出することができるだろう。

様々な書籍や論文で言われているように、イノベーションとは異なる要素同士の結合によって生まれる。それに倣うかのように、グローバル企業の研究開発部門には文化人類学や社会学の博士号を取得した社会科学系の研究者が在籍し、エスノグラフィ調査などを用いて未来志向で研究開発テーマを探索している。エスノグラフィ調査については第5章で詳しく解説し、またそれ以外にも情報の収集・整理・統合のフレームワークを多数紹介しているので、研究開発の現場においてもぜひ参考にしてほしい。

第2章

機会発見のプロセス

1 どういうステップで進めるか？

第1章で述べたように、機会発見とは、「枠外の視点」「定性情報」「統合的操作」を柱に、生活者起点で新しい市場を生み出すアプローチだ。機会発見とはどういうものか、何を目的にどんなことを行うかについて、さらに理解を深めていくために、本章では「ステップ」「チームづくり」「プロジェクト運用法」について解説する。

まずはステップから見ていこう。機会発見は、「課題リフレーミング」「定性調査」「情報の共有と整理」「機会フレーミング」「機会コミュニケーション」という流れで進めていき、図17にあるように、各ステップの目的に従って行動する。

▼5つのステップの目的と行動

課題リフレーミング

新しい製品・サービス・事業の開発に携わっている人なら誰しも、対象テーマに対して「ここがダメなんじゃないか」「どうしたらもっとよくなるか」といった課題認識があるだろう。課題リフレーミングの目的は、こうした課題認識に対して外部情報をインプットしていき、新しい機会につながる「初期視点」を導出することだ。このプロジェクトの初期段階における視点が、既存のビジネスの常識にとらわれない切り口・着眼点であることが重要になる。

そのため第3章では、情報収集手法として「デスクリサーチ」「専門家インタビュー」、情報整理手法として「時代分析」「環境分析」「体験分析」を紹介し、未知の領域も含めた様々な角度から課題を検討する方法について解説する。

そして課題リフレーミングのもう1つの目的は、次のステップの「定性調査」における対象者イメージを明らかにすることだ。初期視点を念頭に置いた、対象者属性のリストアップの仕方については、第3章の課題リフレーミングワークショップで詳しく紹介しよう。

図17 ▶ 機会発見プロセスの全体像

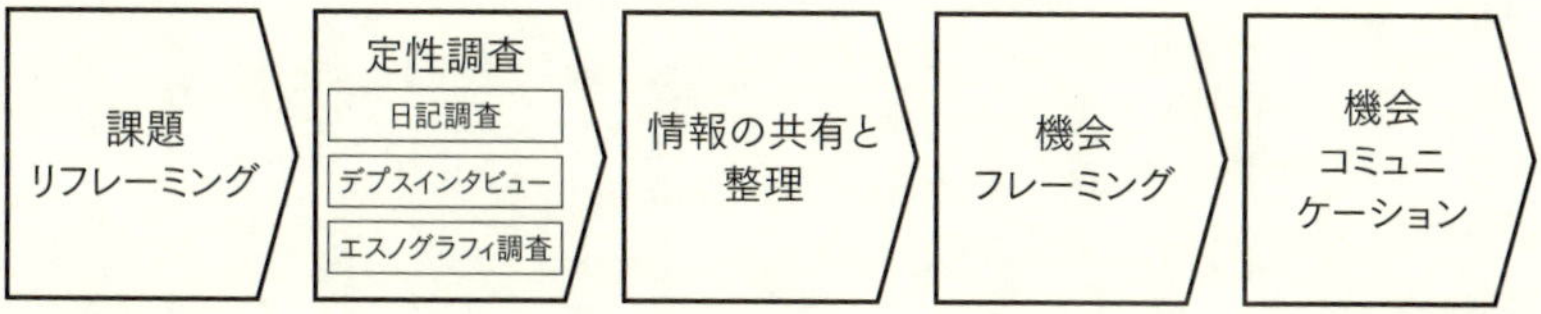

	課題リフレーミング	定性調査	情報の共有と整理	機会フレーミング	機会コミュニケーション
目的	課題認識に対する初期視点を導出する	初期視点を広げるために定性情報を収集する	定性情報をチームで共有・整理する	定性情報を構造化し、新しいビジネス機会を導出する	ステークホルダーから、機会に対する共感と賛同を得る
行動	外部情報をインプットしていきながら、枠外の視点を取り入れる	生活者に対してアンケート調査やインタビュー、フィールドワークを行う	情報を物理化し、結合して、新しい概念を生み出す	試行錯誤しながら、定性情報に仮説的な枠組みを与える	顧客イメージを具体化し、本当にありそうだと思えるストーリーを描く

定性調査

「課題リフレーミング」で初期視点を獲得したら、次に、対象者属性をもとに調査を実施して、さらに視点を広げていく。その際に効果的なのは、アンケート調査やインタビュー、フィールドワークなどによって自由回答や発言、写真などの定性的インプットを収集する「定性調査」だ。定性調査によって生活者を深く理解し、共感することで、新しい兆しを示唆する特徴的な情報を収集することができる。

機会発見における定性調査手法として、第4章では「日記調査」と「デプスインタビュー」、第5章では「エスノグラフィ調査」を紹介する。テーマの特性や期間、予算に応じて、これらの方法をどう組み合わせるかについては、本章後半の「プロジェクトをどう運用するか?」で解説していく。

日記調査

日記調査とは、生活者にアンケートを依頼し、数日間にわたりその日あったことを文章や写真で回答してもらう方法だ。数十件程度の対象者に関する、自由回答の文字情報を中心とした定性情報を得ることができる。日記調査はアンケート形式で行うため、本書で紹介する3つの定性調査手法の中で、最も手軽に、より多くの対象者の情報を収集できるのが特徴だ。

デプスインタビュー

デプスインタビューとは、1人の対象者に対してインタビューを行う方法だ。対象者に会場に来てもらい、1人あたり1～2時間程度インタビューを行うことで、発言を中心とした定性情報を得ることができる。デプスインタビューは、アンケート形式の日記調査とは異なり、対象者に直接会って話を聞くため、その分手間はかかるが対象者に関するより豊かな情報が得られる。また、対象者自身が調査会場に足を運ぶため、こちらから対象者の生活の現場に出向くエスノグラフィ調査よりも手軽に実施することができる。

エスノグラフィ調査

エスノグラフィ調査は、対象者の生活の現場に赴くフィールドワーク型の調査だ。日記調査やデプスインタビューにはない、観察をもとにした定性情報の収集が可能になるため、本書で紹介する定性調査の中では格段の情報量が得られる。調査に要する時間とそれに付随するコストはかかるが、対象者の生活の現場には、質・量ともに豊かな定性情報が存在する。これらの定性情報に没入することによって、情報収集の枠を超えた、「ものの見方」を変えてしまうほどの経験ができる。

情報の共有と整理

アンケート調査の数値データなどとは異なり、定性調査のインプットは対象者の行動や発言が中心だ。そのため、プロジェクトを進める上で、これらの定性情報をどのようにチームで共有し、整理するかがカギとなる。

第6章では、情報を共有したり整理したりする際に効果的なワークショップやフレームワーク、ツールを紹介する。これらを活用しながら定性調査で得た情報を物理化し統合することで、次のステップの「機会フレーミング」を行う際の素材となる、新しい概念を生み出すことができる。

機会フレーミング

定性情報をチームで共有・整理した後は、それら情報群に仮説的な枠組みを当てはめていき、新しいビジネスが生まれる領域を導き出す「機会フレーミング」を行う。様々なツールを用いながら統合的操作を繰り返し、機会フレームと定性情報を行ったり来たりすることによって、「課題リフレーミング」段階では初期視点だったものが、新しい市場をつくる「機会」へと姿を変えていく。

第7章では機会フレーミングのプロセスとともに、「グループ化」「四象限マップ」「プロセスマップ」「システムマップ」などのツールを紹介する。

機会コミュニケーション

機会発見の最終ステップとして、「機会」を意思決定者や組織のステークホルダーに伝える「機会コミュニケーション」を行う。新規性の高い機会であればあるほど、まだ誰も見たことも体験したこともない内容となるため、その可能性を組織内に伝達することは困難を伴う。また生活者にとっても未体験なので、定量調査などによって受容性を検証することも難しい。

このような新規性の高い機会を組織内に伝達するために、機会発見では物語と共感の力を最大限に活用する。物語とは、リアルな顧客像をベースとした主人公と、その主人公が新しい機会のもと提供されるものごとを通じて感動したり、幸せになったりするストーリーを描いたものだ。

第8章で紹介する「ペルソナ」「カスタマージャーニー」「シナリオ」「ストーリーボード」な

どのツールを用いながら、本当にこういう人がいそうだ、こんな生活がありそうだと思える物語を描き、ステークホルダーの共感と賛同を得ていく。

▼機会発見プロセスにおける拡散と収束

5つのステップの目的と行動を見ていくと、機会発見とは情報収集と情報整理を繰り返し、見立てを更新していくプロセスであることがわかるだろう。各ステップを通じて、見立てがどのように拡散・収束し、機会へと昇華していくかを示したのが図18である。ここでもう一度、課題リフレーミングから機会コミュニケーションまでの一連の流れをおさらいしよう。

最初に、課題リフレーミングにおける外部情報のインプットによって、課題認識に対して新しい切り口・着眼点が加わり、機会につながる初期視点が導出される。見立ては初期視点の獲

図18▶機会発見プロセスにおける見立ての拡散と収束

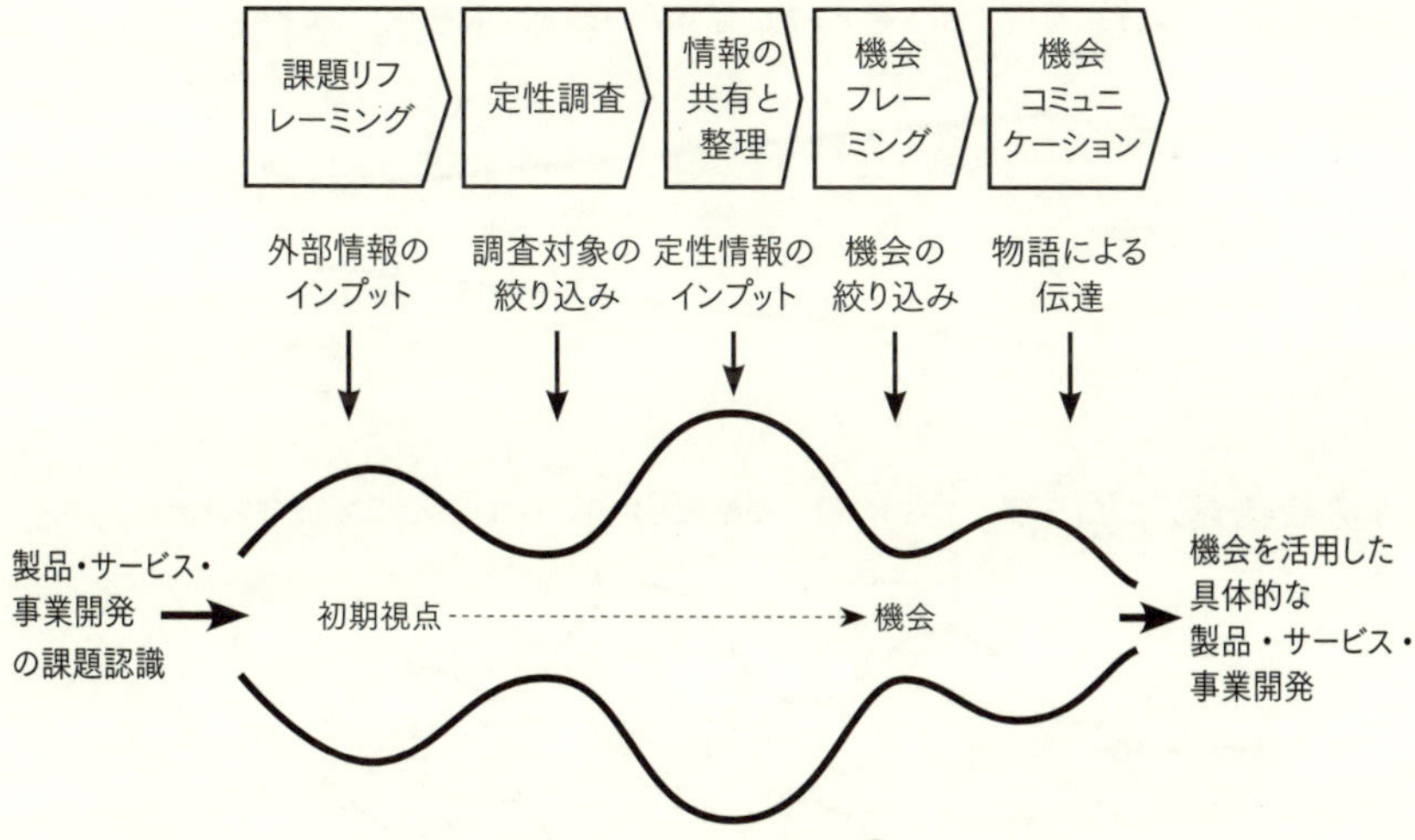

得によって膨らむが、対象者選定で一旦収束し、その後の定性調査によって再び拡散する。そして定性情報の共有と整理が行われ、さらに機会フレーミングを通じて仮説的な枠組みを当てはめていくことで、見立ては機会に絞り込まれる。最終的に機会コミュニケーションで機会は物語の形で組織内に伝達され、具体的な製品・サービス・事業の開発プロセスに引き継がれていく。

　第1章で述べた、「既にある問題を分析・分解して、どこから着手するかの優先順位付けを行い、選択する」分析的アプローチでは、見立ては、分析と選択によって徐々に絞り込まれていく。いわゆる「じょうご形」である。一方、「枠外の視点を探索し、統合と構造化によって新しい市場の可能性を創出する」機会発見アプローチでは、見立ては、外部の視点や情報を取り込みながら拡散・収束を繰り返していく。いわば「ひょうたん形」である。

　図19を見ながら両者を比較すると、どちらも最終的には見立てを絞り込んでいくが、絞り込

図19 ▶ 見立ての変化

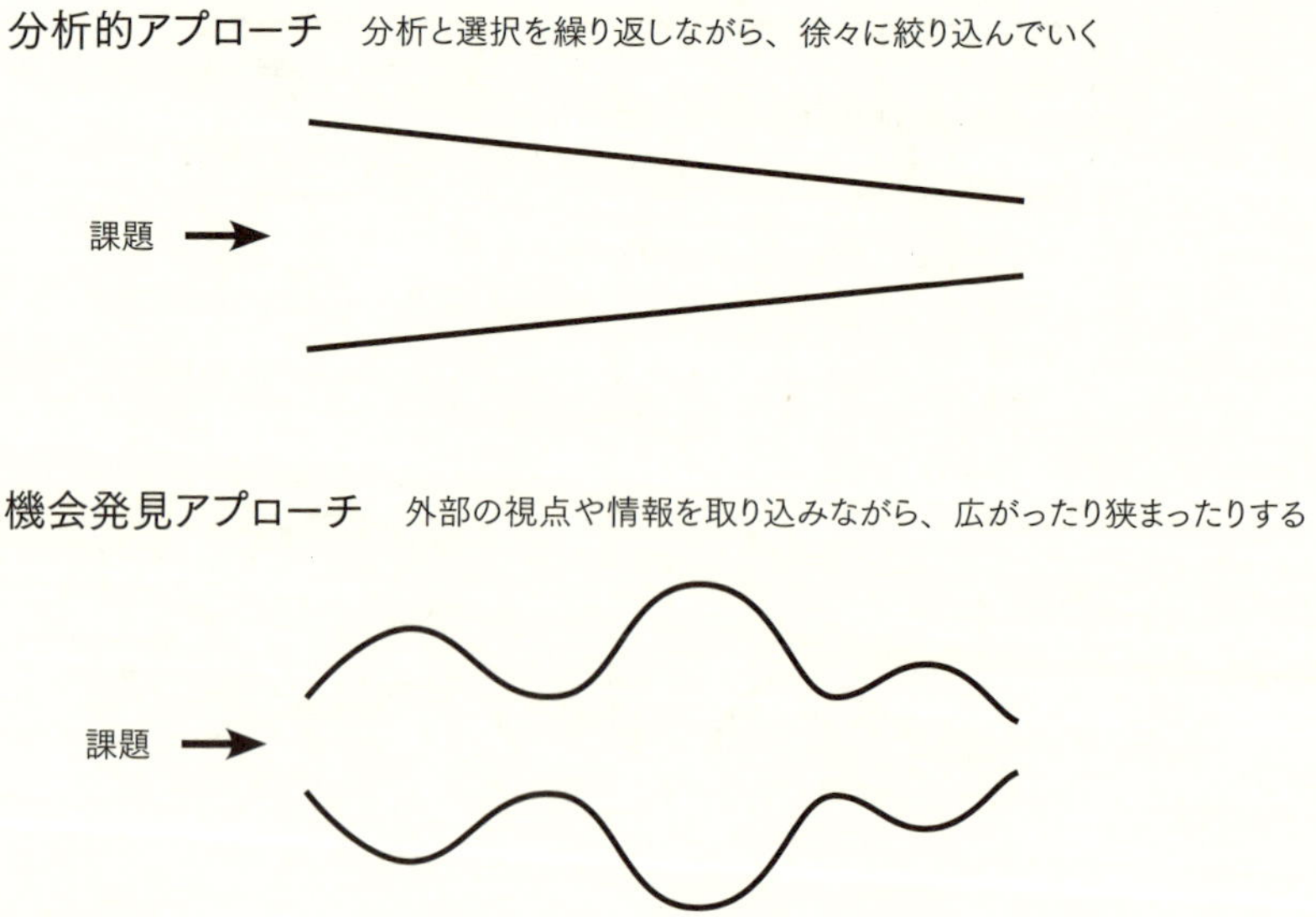
分析的アプローチ　分析と選択を繰り返しながら、徐々に絞り込んでいく
課題
機会発見アプローチ　外部の視点や情報を取り込みながら、広がったり狭まったりする
課題

むプロセスは大きく異なる。分析的アプローチが初期の課題範囲を広げることなく徐々に絞っていく静的なプロセスなのに対して、機会発見アプローチは広がったり狭まったりしながら形を変えていく動的なプロセスだ。

実際に機会発見のプロジェクトを進めていくと、本当に拡散と収束を繰り返す試行錯誤の連続なので、まさに未知の世界に飛び込んでいるような感覚になる。すると、新しいものを見つける興奮と同時に、「本当にうまくいくのだろうか」という不安も生まれてくる。次項では、そうした未知の世界に共に飛び込み、新しい機会を探索していくプロジェクトチームの条件について見ていこう。

2 どんなチームをつくるか？

▼メンバーの人数と構成

これまで繰り返し述べてきたように、機会発見にとって「枠外の視点」は欠かせない要素だ。いままで気付かなかった未知の領域にも視野を広げられるよう、機会発見プロジェクトは3〜5人のチーム編成で、メンバーが多様な視点を提供し合いながら進めていく。それ以上人数が多くなると1人あたりの発言時間が少なくなってしまうので、さらなる多様性が必要な場合は、追加メンバーを会議やワークショップに一時的に加えるとよいだろう。

チームのメンバー構成については、対象テーマによって大きく異なるため一概には言えないが、共通して大切なのは「視点の多様性」だ。同じ部署の慣れ親しんだメンバーだけが集まると、コミュニケーションはとりやすいかもしれないが、どうしても考え方が偏ってしまい、なかなか枠外の視点探索が進まないケースが多い。メンバーを選抜する際は、専門性や所属組織を考慮しながら、プロジェクトに新しい視点を提供できる人かどうかを基準にするとよいだろう。

▼チームの共通認識

機会発見プロジェクトでは、「ひょうたん」のような形で次々に枠外の視点を取り込んでいくことが重要だ。チーム内に発見や気付きが生まれなくなると、見立ての進化が止まってしまい、プロジェクトが一気に後退する。これまで気づかなかった新しい切り口・着眼点を見出していくために、メンバーはどんな態度・姿勢で臨むべきか。チーム全員が大切にしておくべき共通認識について見ていこう。

人間に興味があること

機会発見プロジェクト全体を通してキーワードとなるのが、「共感」だ。共感とはすなわち、自分とは異なる人間や、いままで知らなかった物事への興味・関心である。定性調査を通じていろんな人から話を聞いたり、生活の現場に赴くときは、どんな人からも学べることがあるというオープンな姿勢で臨もう。自分の価値観を押し付けることなく、生活者の発言や行為を興味深く受け入れられる懐の深さを持つことで、機会発見において不可欠な「枠外の視点」に出合うことができる。

面白がり力があること

共感した先に必要なのは「面白がり力」だ。この人のこの行動が興味深いと思ったら、それはどんな新しさや面白さがあるのだろうかと考えてみる。こういうことをしている人がいるのであれば、将来はもっとこうなるのではないかと妄想してみることが大切だ。妄想というとネガティブに聞こえるかもしれないが、機会発見では、「ひょっとすると世界は◯◯のようになり得るのではないか？」という仮説的な思考を促すための重要な行為だ。面白がり力を発揮して、様々な可能性について妄想することが新たな機会の発見につながる。

未来志向であること

妄想が単なる妄想で終わってしまっては意味がない。「未来志向である」とは、過去・現在・未来の変遷を意識した上で変化の兆しを捉え、未来を具体的にイメージすることだ。先ほど述べた「面白がり力」を発揮して変化の兆しとなるような情報を日常的に取り入れていくと、世界の「これから」に対する自分なりの仮説を持つことができ、機会発見につながる未来志向の妄想が可能になる。

何でも言える風土があること

助けあい、チームワークを発揮して成果を出そうという雰囲気がメンバー間で生まれてくると、アイデアがまさに掛け算のように膨らんでいく。創造性とは異なる要素が結合するときに生まれるものだ。誰かが出したアイデアに反応して新しい視点を提供する、その視点に対してこういう考え方もありそうだとさらに発想を広げていく。こういうやり取りが繰り返されることによって、最初のアイデアに対してどんどん新しい切り口・着眼点が加わっていき、さらにはそのアイデアが自然とメンバー1人ひとりにとって「自分ごと化」する。

こうした組織風土をつくるために大切なのは、まず自由に発言できる場の雰囲気だ。ちょっとしたこと、本題から外れることであっても、このチームだったら受け入れてくれそうだと思えるかどうか。そういう迷いがない場には、次々と「枠外の視点」がもたらされていく。そしてもう1つ大切なのは、発言に対して、そういう切り口ならこんな考え方もあるのではないかとかぶせていって、少しずつ異なるものに変化・進化させていくことを、メンバー全員が強く意識することだ。

躊躇なく手と足を動かすこと

生活者起点で市場をつくるために、機会発見プロジェクトでは生活者の現場に自ら赴いてフィールドワークを行う。だが、フィールドワークはそれなりに手間がかかるし、思いついたことをすぐにポスト・イット®（以降は割愛）に書いたり、目にしたことを他のメンバーと共有できるよう写真や映像を撮ることも求められる。そのとき、手を動かしたり、足で情報を収集したりすることに躊躇がない行動力があるほど、機会発見プロジェクトは充実したものになる。

一般ビジネスパーソンと比較して、デザイナーや建築家などは、こうした手の速さ、柔軟さが顕著に見られる。彼らは、手を動かしてスケッチをしたり、ものを作ったりすることを学校で叩きこまれているからだ。また、デザインや建築の教育では、手を動かすことと同時に、足を使って現場の情報を集めるフィールドワークが重視され、デザインや建築の対象となる現場に足を運び、周囲の文脈から参考情報を収集することが根付いている。

デザイナーではない一般ビジネスパーソンでも、こうした特性を身につけることは十分可能だ。機会発見プロジェクトを経験していくと、気になることや思いついたことがあれば、ポスト・イットにメモやスケッチをさっと書くことが習慣化するだろう。また、フィールドワークやインタビューを通じて、現場に通い、情報を収集することが当たり前に感じられるようになるだろう。

3　プロジェクトをどう運用するか？

本章ではここまで、機会発見におけるステップとチームについて見てきた。機会発見プロジェクトを始める前におさえておきたい最後のポイントは、プロジェクトの運用方法だ。

機会発見プロジェクトの運用には、3つのパターンがある。対象テーマや想定期間、予算などに応じて、前述した5つのステップを組み換えたり、同時進行させたりと、柔軟に運用することが可能だ。実施期間はプロジェクトメンバーの専従度や外部パートナーとの役割分担の度合いによって変化するが、本書では通常の業務が50％、機会発見プロジェクトが50％の専従度を想定している。

図20は、各パターンの全体像、図21は、各パターンのメリットとデメリットだ。

▼ステップ型

ステップ型は、「課題リフレーミング」から「機会コミュニケーション」までの5つのステップを順番に実施する。じっくり時間をかけて将来のビジネス機会を探索したい場合におすすめしたいパターンだ。

ステップ型の実施期間は3〜6カ月が目安だが、日記調査、デプスインタビュー、エスノグラフィ調査の「定性調査」をどれくらい行うかによって変動する。「定性調査」のうち、エスノグラフィ調査だけを10ケース程度行い、「課題リフレーミング」から「機会コミュニケーション」までを実施すると、3カ月程度の長さになるだろう。日記調査やデプスインタビューを加えたり、エスノグラフィ調査のケースを増やすと実施期間は長くなっていく。プロジェクトの想定期間と照らし合わ

図20 ▶ ステップ型、パラレル型、リーン型の全体像

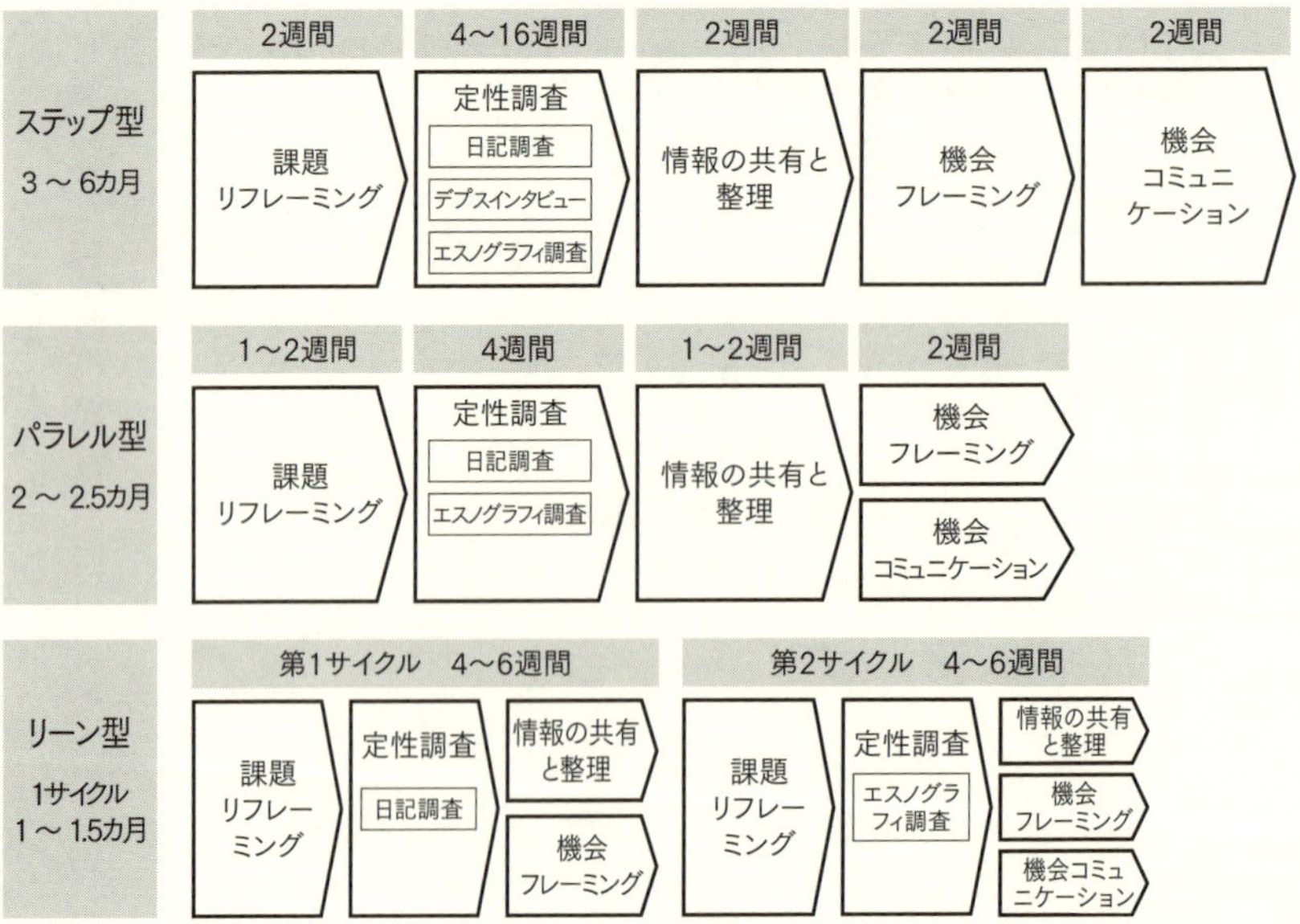

せながら、定性調査の実施件数を適宜アレンジしていくとよいだろう。

またステップ型は、じっくり時間をかけて各ステップを詳細に検討しながら、未来のビジネス機会を探索できる点が魅力だが、一方で時間とコストがかかり、プロジェクトメンバーの拘束時間も長くなるため、予算やメンバー編成などについて、あらかじめ十分に考慮する必要があるだろう。

▼パラレル型

パラレル型は、全体のスケジュールを短縮するために、いくつかのステップを並行して実施する。例えば、「機会フレーミング」と「機会コミュニケーション」はほぼ同時並行でステップを行き来しながら、時間短縮と精度向上を実現することが可能だ。仮の機会フレーミングを設定した上で機会コミュニケーションのドラフトを作成していき、その過程で改善点が見つかれば機会フレーミングに戻って再検討し、さらに機会コミュニケーショ

図21▶ステップ型、パラレル型、リーン型のメリットとデメリット

	メリット	デメリット
ステップ型	じっくり時間をかけて未来のビジネス機会を探索できる	時間とコストがかかる プロジェクトメンバーの拘束時間が長くなる
パラレル型	時間を短縮できる 行ったり来たりすることによる機会の精緻化が期待できる	時間に余裕がないためメンバーに負担がかかる 同時並行するステップはじっくり時間をかけて検討できない
リーン型	短期集中型でビジネス機会を検討できる 方向転換が必要なときに素早く対応でき、時間と労力の無駄が最小限におさえられる	集中的にプロジェクトを行うため、期間中はほぼこのプロジェクトへの専従が求められる 同時並行するステップはじっくり時間をかけて検討できない

ンを実施して物語を描き直すといったイメージだ。

パラレル型のメリットは、時間の短縮と、行ったり来たりすることによる機会の精緻化が期待できる点だ。それに対して、時間に余裕がないためメンバーに負担がかかることと、同時並行するステップはじっくり時間をかけて検討することができない点がデメリットとして挙げられる。例えばプロジェクトにかけられる時間が2カ月しかなく、その期間に集中して新しい製品・サービス・事業の開発を行いたい場合は、パラレル型の運用を検討してみるとよいだろう。

▼リーン型

リーンとは「痩せた」とか「ガリガリな」といった意味があり、リーン型とは最小限の工程を複数回まわす運用方法のことだ。リーンという概念は、必要最低限に機能する製品・サービスをスピーディにつくって市場に出して、フィードバックを受けながら改変を繰り返し、成功確率を高める「リーンスタートアップ」という手法を通してビジネス界に浸透しつつある。

機会発見におけるリーン型とは、各ステップを最小単位で実施し、複数サイクル繰り返すことで機会創出の精度を高める運用方法である。例えば、「課題リフレーミング」を経て「日記調査」を短期間に実施、「情報の共有と整理」を素早く行いながら、ほぼ同時並行で「機会フレーミング」を行うといった1サイクルが想定できる。次のサイクルでは、再び「課題リフレーミング」に軽く触れ、「エスノグラフィ調査」を行いながら、「情報の共有と整理」「機会フレーミング」「機会コミュニケーション」を同時並行で行う。第1サイクルの成果をもとに第2サイクルを実施するため、より精度の高いビジネス機会を発見できるだろう。

リーン型は各ステップを必要最低限の内容に絞って集中的に行うことで可能になる。PCを使った資料化は必要最低限におさえてポスト・イットのまま次のステップに移行することで、時間の短縮が図れるだろう。

リーン型のメリットは、短期集中型でビジネス機会を検討できる点だ。また、4～6週間の短期サイクルを複数回実施するため、方向転換が必要だとわかったときに素早く対応でき、時間と労力の無駄が最小限におさえられる。リーン型のデメリットは、集中的にプロジェクトを行うため、期間中ほぼこのプロジェクトへの専従が求められることだ。またパラレル型と同様に、同時並行のステップはじっくり時間をかけて検討できない。

ステップ型が中長期のビジネス機会をじっくり探索するのに向いているのに対して、リーン型は短期の製品・サービス開発において効果的だ。想定期間は1サイクルが1～1・5カ月程度で、必要に応じて2～3回繰り返すのがよいだろう。

▼固定観念をアンラーンする旅に出る

ステップ型、パラレル型、リーン型、それぞれの運用方法にどのような特徴があるか、イメージできただろうか。どのパターンを採用するにせよ、プロジェクトを進める上でぜひ心に留めておいてほしいことがある。それは固定観念をアンラーン（un-learn）する、つまり学んだことを忘れることの大切さだ。

機会発見とは、自分たちの見立てを更新するための旅のような行為だ。旅といっても物見遊山的な「トリップ」ではなく、人生とも重なる「ジャーニー」だ。イノベーションを阻害している大きな要因は、「固定観念」である。これまでの経験に則した、行動や認識のガイドである固定観念も人間が生きていく上では必要だ。だが、固定観念が強固になるほど慣れ親しんだ既知の考え方にとらわれてしまい、未知の視点を取り入れることが難しくなる。その結果、イノベーションが生まれるきっかけとなる「異なる要素同士の結合」が促進されなくなってしまう(図22)。

そのため、機会発見はただ情報収集し、学習(ラーン)するのではなく、半ば強制的に枠外の視点を取り入れることで、一度ラーンしてしまった固定観念をアンラーンしていく(取り外していく)ことを常に意識する。各章で紹介するリサーチとフレーミングの様々な手法は、ラーンしているものを取り外し、枠の外に気づくために存在するといっても過言ではない。今までの常識は何で、その常識の枠外にあるものは何かと問い続ける旅のようなものだと捉えると、機会発見の特徴がより明確になっていくだろう。

図22 ▶ ラーンとアンラーン

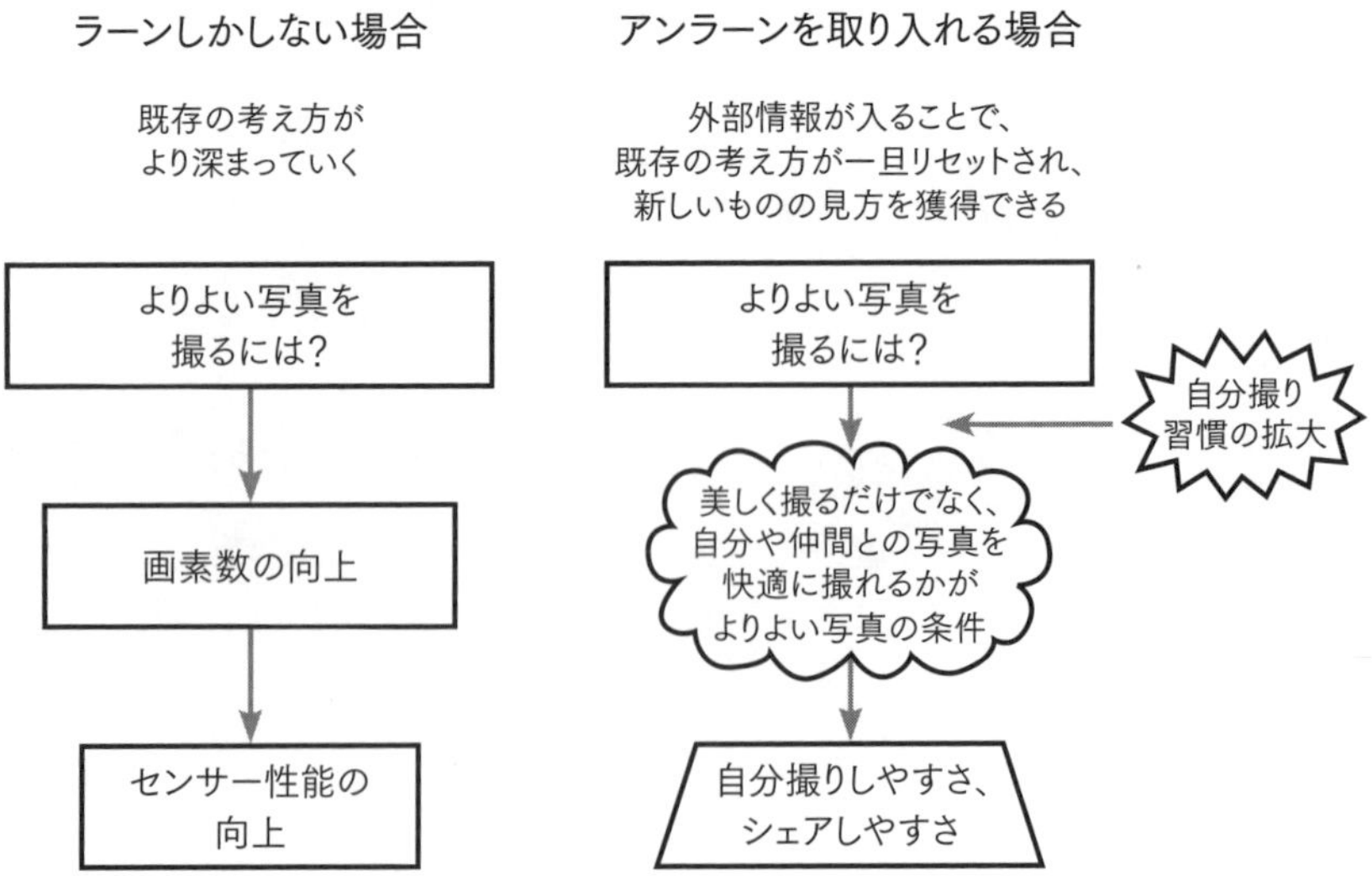

第3章 課題リフレーミング

1 課題リフレーミングとは?

生活者起点で市場をつくる「機会発見」を実現するために、まずはいくつかの手法を使って多様な初期視点を導き出す、課題リフレーミングを行う。

初期視点とは、プロジェクトの初期段階に存在する、課題認識に対する切り口・着眼点だ。商品開発やマーケティングに携わっていると、対象テーマについて何らかの課題認識を持っているだろう。この課題認識を出発点に、外部情報をインプット・整理していき、新しい機会につながる初期視点を導出するのが、課題リフレーミングの目的である。この初期視点が、既存のビジネスの常識にとらわれない未知の切り口・着眼点であることが重要だ。

カメラ/写真という事業領域を例にすると、課題リフレーミングのプロセスは図23のようになる。はじめにプロジェクトメンバー間には「どうすればきれいな写真が撮れるか」という課題認識がある。

次に「デスクリサーチ」や「時代分析」などの課題リフレーミング手法を使って、課題認識に対して外部情報をインプットし、さらに収集した情報を整理していくことで、「カメラをコレクションする」「周辺グッズにこだわる」といった初期視点が導出される。

そして最後は、これまでに獲得した外部情報や気付きを共有・整理し、初期視点をディスカッションする「課題リフレーミングワークショップ」だ。このワークショップを通じて、その後の定性調査で活用する、「膨大なカメラのコレクションを持つ人」「写真コミュニティの有名人」などの対象者属性（対象者像）をリストアップしていく。

◆

新しい機会を発見するためには、これまで気づいていなかった領域を含んだ気付きを得られるかどうかがカギとなる。そのとき、市場あるいは世界はこうなっているに違いないと思い込めば思い込むほど、既存の枠組みでしか市場や世界を見ることができず、新しい機会の兆しを見逃してしまう。一方でまったくのフリーハンドで何の考えもなくプロジェクトを

図23 ▶ 課題リフレーミングのプロセスの例【カメラ／写真】

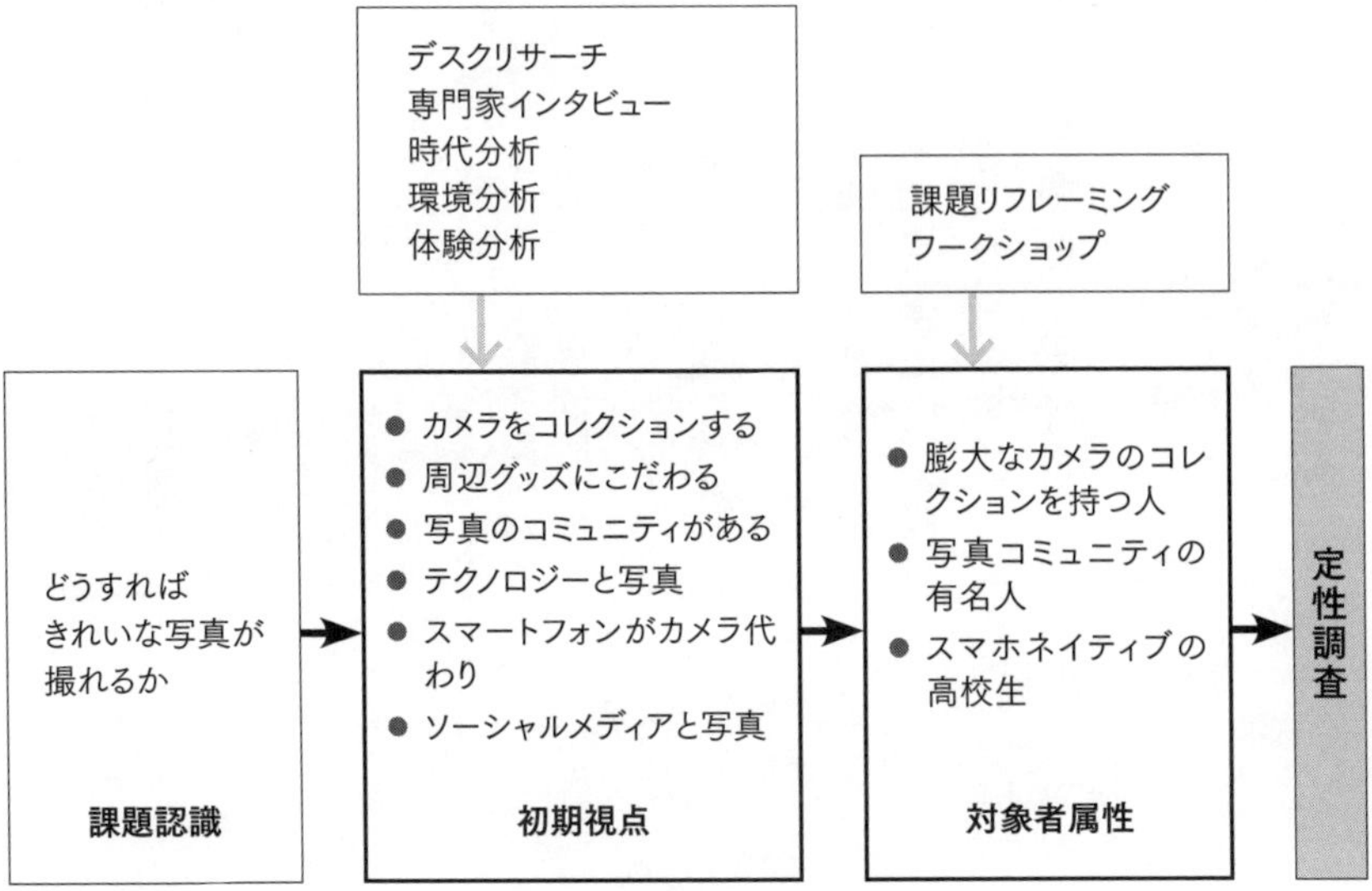

開始すると、どこから取り組めばよいかわからなくなり、プロジェクトが迷走してしまう。

既存の枠組みにとらわれず、未知の領域を適度に含んだ「初期視点」を、課題リフレーミングでどれだけリストアップできるかどうかが、プロジェクトの成否を決める。では、「よい初期視点」とはいったいなんだろうか。その条件は、「外部性」と「発展性」だ。

▼外部性――未知の切り口、着眼点か?

外部性とは、これまで検討してこなかった未知の切り口・着眼点が含まれているかどうかである。特定の事業や活動に長年取り組んでいると、思っている以上にその業界の常識や慣習にとらわれてしまう。新しい機会を探索するプロジェクトにおいて、こうした常識や慣習は、時として発想を妨げる。そのためプロジェクトの初期段階においては、どれだけ「外部性」を高められるかどうかが重要になる。

初期視点を獲得する上では、常に「外に未知の世界が広がっているのではないだろうか?」と問い続けることが不可欠だ。この後紹介するデスクリサーチや専門家インタビューなどの情報収集手法は、外部性に気付くための有効な手段である。こうした手法でもたらされる外部情報が対象領域と直接関係ないものと感じることも多いだろう。そんな時も、半ば強制的に接点を見出すことで外部性を持つ視点に化けるのだ。

▼発展性――ワクワクするか、面白さを感じるか?

発展性とは、一言で言えば筋のよい機会に進化しそうかどうかということだ。外部性のある視点であったとしても、それが新しいビジネスをもたらす機会の議論に結びつかないようでは、課題リフレーミング手法を用いて掘り下げる意味がなくなってしまう。

外部性とは、言い換えると「新しさ」「未知」なので、その視点が枠外の要素を含んでいるかどうかは、現在の考え方・見方と比較すれば判断しやすい。だが発展性は、「進化」「可能性」を意味する未来に関することなので、比較対象がなく判断しづらい。

そんなときに、発展性がある視点かどうかを見極める基準となるのが、面白そうだと思えるかどうか、ワクワクできるかどうかだ。そういう見方があるのなら、こういう風にも考えられるのではないかと、プロジェクトメンバー間のディスカッションに熱気があり、意見やアイデアがどんどん積み重なっていく視点には、発展性があり、その先の機会に結びつきやすい。いまある視点に「発展性」があるかどうか迷ったら、まずはプロジェクトメンバーや社内の他のメンバーとの会話のネタにしてみることだ。そこで可能性や面白さを感じるかどうか、相手のリアクションに注目してみるとよいだろう。

▼視点の導出——情報収集・整理を繰り返す

本章では、初期視点を導出するための情報収集手法として、デスクリサーチと専門家インタビュー、情報整理手法として、時代分析、環境分析、体験分析の3つを紹介する。

初期視点を導出する際のポイントは、情報収集と情報整理を行き来することだ。外部性、発展性を念頭に置きながら情報収集し、収集された情報を一旦整理してみることでさらに発展できそうなことや足りないことが明らかになり、再び情報収集しに行く。このプロセスを繰り返すことで豊かな視点の導出が可能になる。

それでは、初期視点を導出するための情報収集・整理手法について見ていこう。

2 デスクリサーチ

▼デスクリサーチとは？

初期視点を導出するための手がかりとして、最も手軽なのは、ニュース記事や書籍などのメディア上の情報である。インターネットや図書館などでこれらの情報にアクセスし、テーマに関する周辺情報を収集することを「デスクリサーチ」という。

機会発見におけるデスクリサーチでは、じっくり数カ月かけて調査研究するというよりは、広く浅く情報に目を通すことが重要だ。特定の情報をじっくり読み込むのではなく、できるだけ多くの情報にざっと目を通すことで、対象テーマの状況を素早く把握することができる。

課題リフレーミングにおいては、切り口・着眼点が新しい初期視点を導出することがポイントとなる。そのためにも、できるだけ多様な観点で物事を見るきっかけが必要だ。デスクリサーチであれば、オフィスにいながらにして実施することができるため、手軽に情報を収集し、多様な視点を獲得することが可能だ。

▼デスクリサーチの進め方

①キーワードのブレインストーミング

ニュース記事を収集するための入り口は、インターネット検索が最適だ。ただし、「自動車」や「コンビニ」といったキーワードでは具体性に欠け、よい初期視点をもたらす記事にたどり着くことができない。良質な検索結果を得るには、対象テーマとその周辺領域を組み合わせたキーワードで検索するとよいだろう。検索結果から新たな周辺キーワードが見つかったら、周辺キーワードをテーマに掛けあわせて検索し、さらにキーワードの範囲を広げていく。

記事探しの第一歩として、まずはチームで検索キーワードのブレインストーミングを行うとよいだろう。すると、自分ひとりでは気付けなかった多様なキーワードを導出することもできるし、誰かが出したキーワードに誘発されて別のキーワードを発見することもできる。

②キーワードに基づいた検索

ブレインストーミングによって検索キーワードをリストアップしたら、次にキーワードを組み合わせながら実際に検索していく。検索で見つかった記事の中から別のキーワードが見つかれば、芋づる式にそのキーワードとセットで検索する。ＷＥＢメディアの記事には関連記事へのリンクがあることも多いので、こうしたリンクを辿ってさらに別の記事を探すこともできるだろう。

例えば「写真」が対象テーマだとすると、まずは「写真＋整理」「写真＋ソーシャルメディア」のような組み合わせで検索していき、その過程で写真好きコミュニティの記事を見つけたので

「コミュニティ＋写真」で検索する、といったようにキーワードの範囲を広げながらリサーチしていくイメージだ（図24）。

検索していくと、記事だけではなく関連書籍に出合うこともある。書籍にもざっと目を通すことでキーワードを見つけることができ、またＷＥＢメディアの関連記事のように、書籍内の引用や参考文献からも関連キーワードや情報に出合えるだろう。

③同一のフォーマットにまとめる

チーム内で効率よく情報共有するために、収集した情報は同じフォーマットを使って1トピックにつき1ページにまとめよう。ページ数は30ページ程度が標準だが、多い時は50から１００ページに及ぶケースもある。あらかじめページ数を設定しておいて、その数に達するまで検索や書籍探しを続けるとよいだろう。

同一フォーマットになっていることで情報共有しやすいだけでなく、例えばプリントアウトして配布したり、会議室の壁に貼り出したりする際も、整理されて見やすくなる。Ａ５サイズなどで出力して大きめのスチレン

図24 ▶ キーワードに基づいた検索の例【写真】

テーマについて様々な角度で情報収集ができるよう、周辺領域にまで広げたキーワードで検索する。検索結果から新しい周辺キーワードを拾って新たに検索をかけ、さらにキーワードの範囲を広げる。

写真	＋	整理
写真	＋	クラウド
写真	＋	ソーシャルメディア
コミュニティ	＋	写真
ライフログ	＋	写真
自分撮り	＋	写真
	⋮	

ボードや段ボールボードに貼っておいて、必要に応じてボードを持って会議室間を移動する方法も有効だ。

▼情報整理フォーマット例

情報収集して同一フォーマットにまとめる際は、「タイトル」「記事の引用や要約」「ビジュアル」の3つの要素に絞って、図25のように作成するとよいだろう。

タイトル

記事を精読しなくても内容がひと目でわかるのが、よいタイトルだ。元記事のタイトルをそのまま貼り付けてもよいが、長かったり、特定の文脈に偏っているようであれば、プロジェクトのテーマに合う言葉を選ぼう。

名称（チューブ入りバター）、事象（マンガ喫茶が外国人来訪客に人気）、傾向（パックツアーから個人旅行へ）というタイトルのパターンを意識すると考えやすくなるだろう。いずれの場合も、1行程度の簡潔なタイトルにすることがコツだ。

図25 ▶ 情報整理フォーマットの例

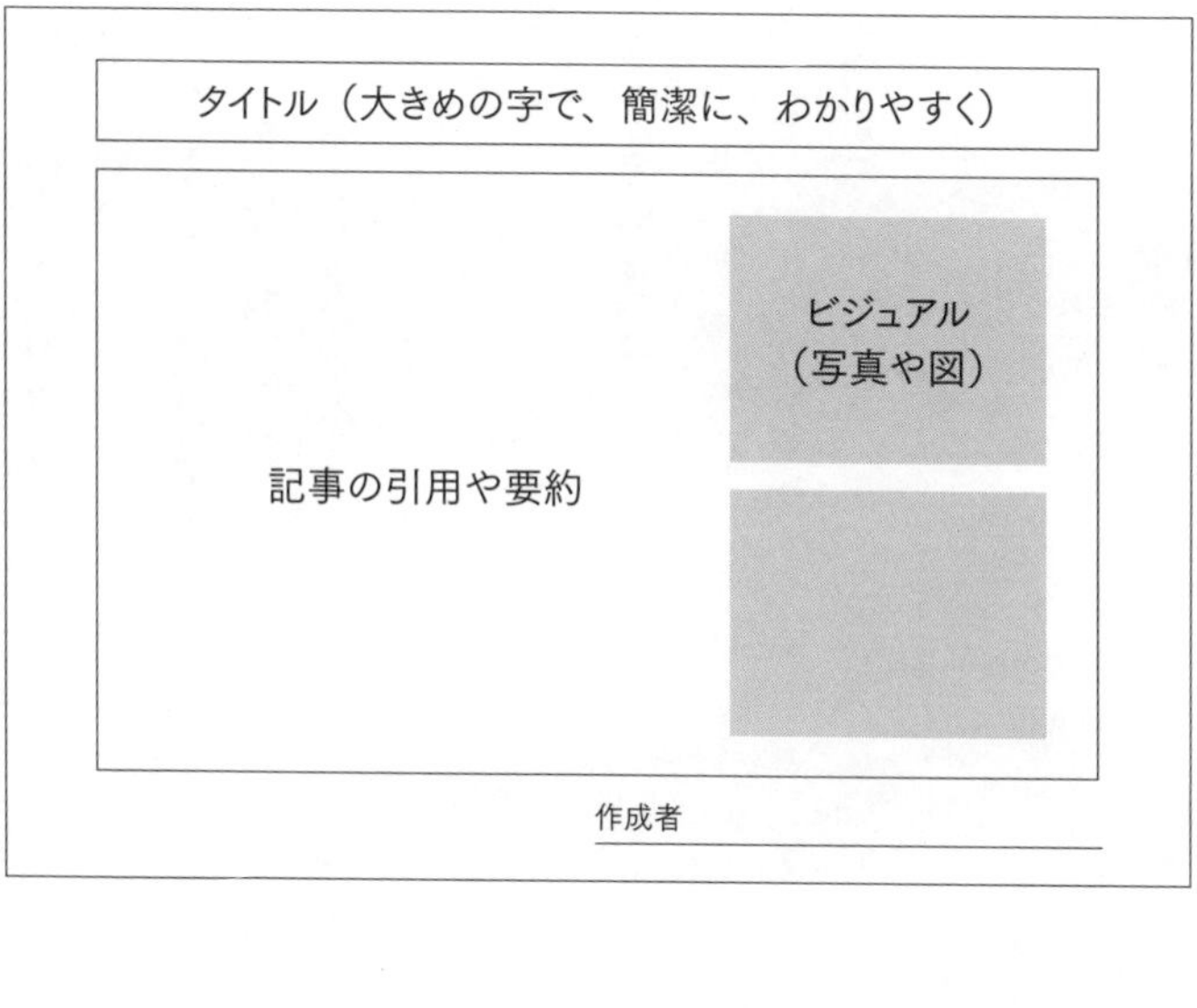

記事の引用や要約

タイトルを見て興味を持ったときに詳しい内容をチェックできるよう、記事の本文を引用として貼り付けておこう。また出典を明記して、引用元がわかるようにしておく。

元記事が長くて1ページに収まらない場合は、簡単な要約を作成するとよいだろう。原文を部分的に抜粋し、「中略」などの表記を使ってつないでいくと、簡単に要約できるのでおすすめだ。時間に余裕があれば、元記事に目を通した上で要点を絞って箇条書きでまとめるとよいだろう。要約する際も、簡潔な表現を心がける。

ビジュアル

写真や図があると短時間で内容を把握でき、さらに文章とセットになることで内容への関心が高まるので、ビジュアルは情報をまとめる際の必須要素だ。

元記事に掲載されている写真やイラスト、統計グラフ、あるいは記事中にビジュアルがない場合は、記事に関連するキーワードで画像検索すれば類似したものが見つかるだろう。

▼普段から情報をストックしておく

デスクリサーチの目的は、視点導出のための情報の引き出しを持つことだ。だがプロジェクトに関係なく、普段から気になったものは何に使えるかあまり深く考えず、とにかく沢山のネタを貯めておくことをおすすめする。ストックの方法は、ブラウザのブックマークに保存するのでもよいし、「後で読む」用途のＷＥＢサービスなどを活用したり、あるいはパソコンやスマホの特定の場所にとりあえず引用したものを貯めていくという方法もあるだろう。

普段からの情報ストックにおいて重要なのは、用途は深く考えず、幅広い分野から直感で面白い、興味深いと感じたものをどんどん集めることだ。これが習慣化すれば、新しいものごとへの感度が高まり、世の中を見る目が少しずつ変わっていく。

3　専門家インタビュー

▼専門家インタビューとは？

オフィスにいながらにして手軽に初期視点を導出できるのがデスクリサーチの魅力だが、それだけでは記事執筆者の伝聞、二次情報の域を出ることは難しい。対象テーマに関係する専門家に自ら話を聞きに行く専門家インタビューを行えば、その人ならではの生の情報にたどり着くことができる。その結果、プロジェクト独自の視点に基づいた情報収集が可能になる。

▼専門家インタビューの対象者――周辺領域まで対象を広げる

専門家インタビューの対象者は、対象テーマと周辺テーマのプロフェッショナル、研究者、ジャーナリストなどだ。例えば「コーヒー飲料」を対象とした場合、カフェのバリスタやコーヒーの輸入関係者、焙煎業従事者などのプロフェッショナル、農業関係者、研究開発部門で味覚を調査している研究者、レストランガイドに寄稿しているジャーナリストなどがまず候補になるだろう。「課題リフレーミング」の目的は、これまで気づいていなかった視点に気づくことである。そのため、専門家インタビューでも既存の枠組みを少し拡張する領域までを対象とすることがポイントだ。コーヒー飲料であれば、類似のテーマとして、日本茶や紅茶の専門家にあたるのもいいだろう。あるいは嗜好品という観点で、チョコレートやタバコ、アルコール飲料などの専門家に話を聞くことも新しい視点のヒントになるだろう。

▼専門家インタビューの進め方

① 対象者をリストアップする

まずは専門家のカテゴリーを書き出していき、その後でインターネット検索などを通じて具体的な組織名や専門家名をリストアップする。

前述のコーヒー飲料であれば、はじめに「輸入関係者」「焙煎業従事者」「味覚研究者」「ジャーナリスト」などのカテゴリーを列挙し、次に「ジャーナリスト」であればコーヒーをテーマとした雑誌や記事をインターネットで検索して、雑誌名や記事執筆者をリストアップしていくイメージだ。必ずしも全ての専門家のアポイントメントが取れるわけではないので、最初のリストは幅広く、数を多めに出しておくとよいだろう（図26）。

②アポイントメントをとる

対象者リストが作成できたら、実際にアポイントメントを取っていく。幅広いリストの中から優先順位を付けていくときは、「この人ならではの新しい視点がある」と思えるかどうかを大切にしよう。手間はかかるが、プロジェクトメンバーで対象者リストを共有して、視点のユニークさ、斬新さという観点で投票していくやり方も有効だ。優先順位付けされたリストがあると、得票が多かった人のアポイントが仮に取れなかったとしても、次点の候補者に目星をつけてすぐにアプローチすることができる。

インタビューの時間は標準で1時間程度と考えるとよいだろう。30分だと特に初対面の相手の場合、打ち解けるまでに時間がかかり、聞きたいことの核心に至る前に時間切れとなってしまう。1時間程度で約束をもらっておき、相手に時間の余裕があったり、話が盛り上がって結果として1時間半程度になったというのがよくあるケースだ。

プロジェクトの期間や予算、目的によって専門家

図26 ▶ 対象者リストアップの例【コーヒー飲料】

- 雑誌編集者
- 専門書著者
- 栄養学の大学教員
- コーヒー文化研究家
- コーヒー豆輸入業従事者
- 焙煎業従事者
- 喫茶店経営者
- 喫茶店ブロガー
- カフェのバリスタ
- 輸入食品店従業員
- コーヒースイーツパティシエ
- コーヒーの淹れ方教室講師
- エスプレッソマシン開発者
- ドリップ機器開発者

インタビューの件数は異なるが、最低3件のインタビューができるとよいだろう。1件では情報収集の範囲が狭く、2件ではそれぞれ異なった意見の場合、どちらが参考になりそうか判断がつかない場合がある。3件であれば、それぞれの専門家からの情報を相対的に解釈することができる。プロジェクト期間に余裕があれば、インタビューを行った専門家に別の専門家を紹介してもらうのも効果的だ。

③ インタビュー依頼書を作成・送付する

アポイントメントが取れたら、インタビューの背景と目的、日時、場所、聞きたい内容を整理し、図27のようにA4サイズ1枚の書面にまとめて、事前にインタビュー対象者に送付する。事前に依頼書を送付することで、対象者にとってもインタビューの趣旨が明確になり、お互いの認識のズレによってせっかくの時間が無駄になるのを回避できる。インタビュー依頼書を送るまでもない、カジュアルな間柄の場合であっても、聞きたいことを事前に準備しておくと充実したインタビューになるだろう。

④ インタビューを実施する

専門家インタビューは次のような順序で進めていく。

(1) まずは自己紹介をして、それから今回のインタビューの目的を伝える。また、忙しい中インタビューを受けてもらえたことに対する感謝の気持ちを伝えるのも忘れないようにしよう。

(2) 次に、事前に送付した依頼書を再提示し、依頼書の中の質問項目を確認しながら聞きたいことを説明していく。説明を終えたら、相手が話しやすいよう、どの項目から始めてもら

図27 ▶ インタビュー依頼書の例【コーヒー飲料】

20XX 年 XX 月 XX 日

□□大学　〇〇教授

株式会社△△
〇〇〇〇

コーヒーについてのヒアリングのお願い

拝啓　時下ますますご清祥のこととお慶び申し上げます。

株式会社△△では現在、コーヒー製品の新商品開発を検討しております。コーヒー文化研究の第一人者である〇〇教授のお話を伺い、ぜひ商品開発の参考にしたく存じます。

お忙しいこととは存じますが、ご検討のほど何卒お願い申し上げます。

敬具

日時　〇〇月上旬を希望
場所　ご指定の場所に伺います
時間　1 時間程度
人数　2 ～ 3 人
活用　ヒアリング内容は社内資料として活用させていただきます
内容
- 先生が研究されているコーヒー文化研究の概要について
- コーヒー文化の歴史的な変遷
- 主要な文化圏における象徴的なエピソードについて
- 日本のコーヒー文化の歴史について
- 現代の日本のコーヒー文化の担い手について

ってもよいことを伝えよう。

(3) 相手が話しやすい項目から始めてもらいつつ、聞き漏れがないように、質問項目は常にチェックしておこう。より多くの内容を引き出すためには、こちらが話し過ぎないようにするのがポイントだ。相手が9に対してこちらが1、もしくはこちらが話している時間はもっと少なくてもよいだろう。

⑤ インタビューメモの作成

インタビューが終わったら、対象者から聞いた内容を後で見返えしたり、インタビューに同席しなかったプロジェクトメンバーと共有できるよう、図28のようにインタビューメモとしてまとめる。

インタビューメモ作成のコツは、タイトル（対象者）、訪問日、訪問者などの基本情報とともに、インタビューを通して対象者から聞き出した主要なポイントを、箇条書きでリストアップすることだ。先頭行に「概要」を書き、1段下げて「詳細」を記述していく。

「概要」と「詳細」の記述は次のようにして行う。まずインタビューを通じて浮かび上がった主要なポイントを「概要」としてピックアップし、概要を構成する詳細なポイントを「詳細」項目として記述する。インタビュー依頼書に記述した質問項目が実際のインタビューにおいても主要な論点となり、そのまま概要とすることもできる。あるいは、インタビューを進めるうちに想定外の重要な論点が出てくることもあり、これらを概要としてピックアップすることができるだろう。

前述のとおり、インタビューメモは後で見返したり、ほかのメンバーと共有するために作成す

図28 ▶ インタビューメモの例【コーヒー飲料】

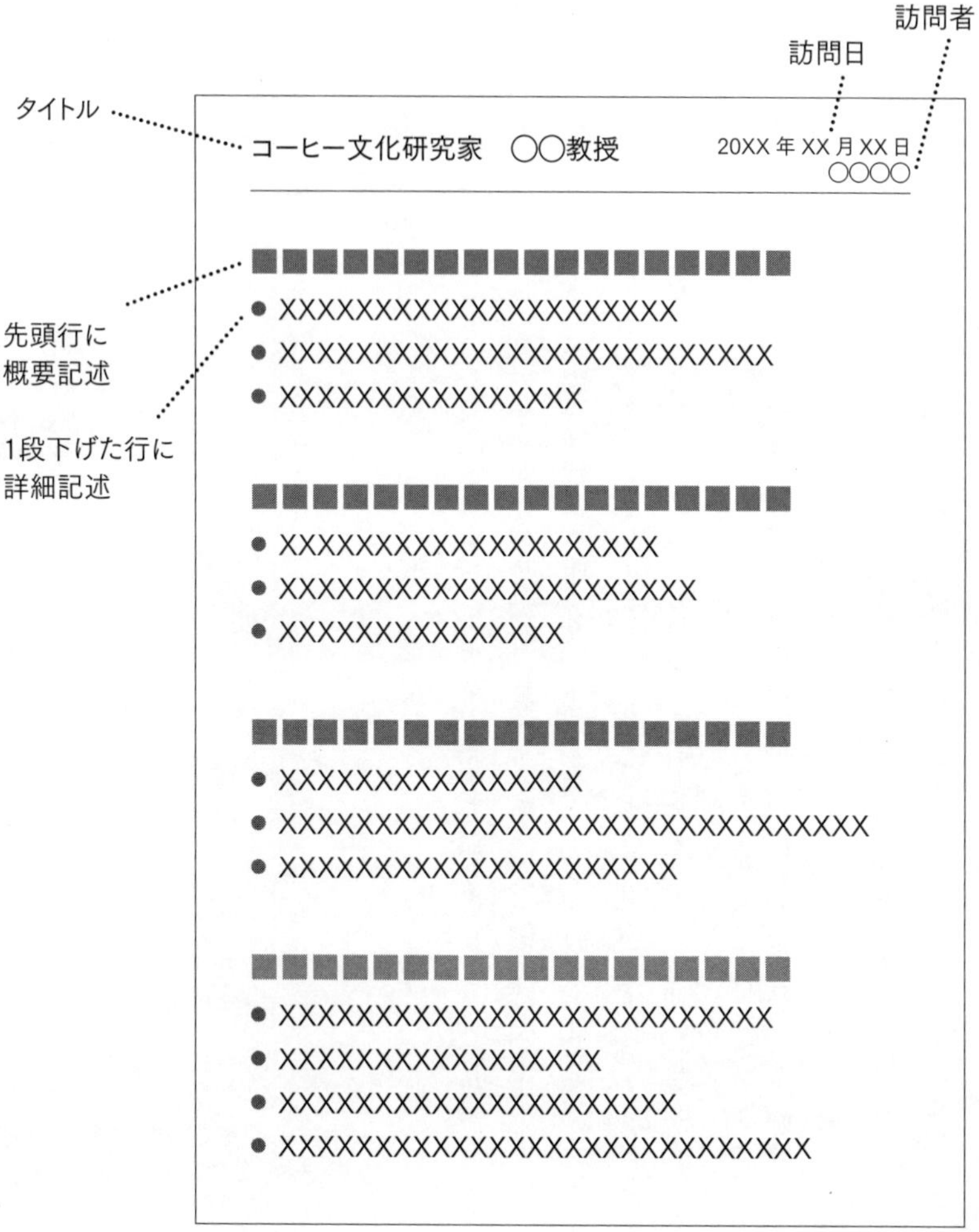

る。文章が多いとインタビュー内容のポイントが掴みづらくなるので、A4サイズ数枚に収まるよう、「概要」と「詳細」のメリハリを意識するとよいだろう。

4 時代分析

▼時代分析とは？

時代分析とは、対象としている製品・サービス・事業の歴史を振り返り、○○時代があって次は△△時代、最近は□□時代といった変化を時系列で整理する手法だ。例えば喫茶店・カフェを対象テーマとすると、戦後の純喫茶時代から始まり70年代のチェーン店時代、90年代のシアトル系コーヒー時代、そして2010年代のサードウェーブコーヒー時代などといったように、大まかな時代のかたまりを整理していく。時代区分は多すぎると覚えづらくて使い勝手が悪いので、4～5つが適切だ。

時代分析表は図29のように、1行目に時代区分、次いで年代、代表的な商品、提供価値、その時代を象徴するシンボルなど、時代区分の特徴を表す項目を記述する。項目は対象テーマによって追加していくとよいだろう。時代区分によって対象顧客が大きく変わる市場では、例えば「顧客像」という項目を加えると時代の変化をより深く理解することができるはずだ。重要なのは、どの時代においても共通の要素を記述することで、時代の変遷の理解が進むということだ。

時代分析のメリットは時代の変化の流れを見ることによって、次の変化の方向性を大まかに掴めることにある。喫茶店・カフェの例で言えば、シアトル系コーヒーの時代でグローバル化・均一化された流れが、サードウェーブコーヒー時代の到来でローカル化・個別化の流れに戻ってきた、と捉えることができる。短期的なプロジェクトに取り組んでいる場合は、この揺り戻しの流れを考慮すべきだろうし、長期的なプロジェクトであれば、グローバル化からローカル化という流れを意識しながら、次の時代区分がどのようなものになるかをチームで検討する必要があるだろう。

▼時代分析の進め方

①情報収集する

まずは、対象テーマに関する象徴的な出来事・商品などを情報収集することからスタートする。

テーマについての歴史的な背景を調べるためには、書籍や雑誌などの紙媒体で歴史の変化を象徴する出来事や象徴的な商品のキーワードを掴んだ後に、インターネッ

図29 ▶ 時代分析の例【喫茶店・カフェ】

時代区分	純喫茶時代	チェーン店時代	シアトル系コーヒー時代	サードウェーブコーヒー時代
年代	1950年代〜	1970年代〜	1990年代〜	2010年代〜
代表的な商品	サイフォンコーヒー	本格的なのに低価格	エスプレッソ、ラテ	ハンドドリップコーヒー
提供価値	コーヒーの専門店	低価格と規格品	家の外にあるリビング	オーセンティック、焙煎したての豆
シンボル	応接間のような店内空間	カウンター越しのセルフ形式	リビングのような店内空間	店内にあるロースター

トを使って、これらのキーワードを検索し、補足情報を集めるとよい。

例えば喫茶店・カフェであれば、喫茶店・カフェの歴史に言及した書籍を探してみるとよいだろう。情報雑誌なども参考になる。こうした情報から「シアトル系」や「サードウェーブ」といったキーワードを見つけたら、インターネット検索でさらに背景情報を調べておくとよい。

この段階では時代区分は整理されておらず、どんな共通要素を設定するかも決まっていないので、対象テーマにまつわる気になるトピックを見つけたら、とりあえず手元に残しておこう。


前述のデスクリサーチや専門家インタビューを既に実施している場合は、そこから得た情報のうち時代分析に参考になりそうなものをピックアップする。デスクリサーチやインタビューを進める中で、時代の変遷や変化点を示唆するような情報があれば、ポスト・イットに書き出しておくとよいだろう。後で時代分析を行う際に、ゼロベースで情報収集を行うことなく、いくつかの断片的な情報をもとに時代分析を開始することができる。

②時代区分と代表的な商品を整理する

ある程度情報が集まったら、ポスト・イットなどを使いながら時代分析表を完成させていく。先ほど述べた時代分析の項目のうち、時代区分と代表的な商品から着手すると時代設定がやりやすいのでおすすめだ。

時代区分がうまくつながらなかったり、時代区分に適した商品や事例が見つからない場合は、追加の情報収集を行って、その間にどんなことがあったかを調べる。

引き続き喫茶店・カフェを例にすると、時代区分がちゃんとつながっているかどうかを確認したい場合は、前の時代に対してどのような新しい提案があり、時代がどう変化したかに注目しよう。

図29を例に取ると、純喫茶からチェーン店への変化は、個人店に対してチェーン店という新提案により時代が変化した。チェーン店からシアトル系への変化はコーヒーに対してエスプレッソの新提案があった。シアトル系からサードウェーブへはマシンで淹れるコーヒーに対してハンドドリップで淹れるコーヒーという提案があった、といった具合だ。

このように時代が大きく変化する節目には、前の時代の当たり前に対して、新しい提案がなされ、生活者の一定の支持を得て、新しいスタンダードが生まれる。想定した時代同士のつながりが、こうした新提案による新しいスタンダードという図式で説明が難しそうであれば、その間に重要な時代が見逃されていないか、見直してみるとよいだろう。

先ほど述べた通り、時代区分の数は4～5つが目安だ。多すぎると複雑になってチームで共有しづらくなってしまい、少なすぎると変化の動向を掴みづらくなってしまうので注意しよう。

③ その他の要素を記述する

時代区分（及び年代）と代表的な商品が設定できたら、その他の項目の要素を埋めていく。時代分析の項目は、「時代区分」「年代」「代表的な商品」「提供価値」「シンボル」の5つが定番だが、対象テーマにあわせて「顧客像」や「客単価」などの項目を加えていこう。

時代分析表はホワイトボード上にポスト・イットを貼っていったり、あるいは表計算ソフトやクラウドのスプレッドシートを使って記述していってもよい。各要素を記述する際は、プロジェクトチームで共有するときに要点が明確に伝わるよう、簡潔な言葉で表そう。その時代を代表するキーワードを優先的に記述し、詳細説明が必要な場合は文字を小さくして記述するなど、メリハリに気をつけるとよいだろう。

④ 視点を導出する

時代分析表が完成したら、それぞれの要素を概観して、新しい機会を考える上でどのような視点が重要になるかを検討する。

時代分析を通じた視点導出には2つのポイントがある。1つ目は、時代区分を設定することによって、これまで意識していなかった時代や、その構成要素などに気がつくという点だ。コーヒーの例で言えば、サードウェーブという時代区分やその構成要素であるハンドドリップコーヒーといった新しいトピックへの気付きがこれに当たる。

もう1つは、大きな変化の方向性を理解することができ、最新の時代のさらに先にある時代の兆しに気付くという点だ。コーヒーの例で言うと、シアトル系からサードウェーブへの変化の中で、手作り感への回帰という時代の兆しを感じ取るといった具合だ。

5 環境分析

▼環境分析とは？

環境分析とは、対象とする製品・サービス・事業の周辺にどのような新しい機会の芽があるかを見つけるために、対象テーマとその周辺環境の情報を収集・整理する手法だ。

環境分析のフレームワークとして使い勝手がよいのが、マイケル・ポーターが、著書『競争の戦略』で提唱したファイブフォース分析だ。業界の競争構造を検討するためのフレームワークとして知られるファイブフォース分析は、「買い手の交渉力」「供給者の交渉力」「新規参入の脅威」「代替品の脅威」「競争企業間の敵対関係」の5つの項目で構成されている。

そのまま使うことも可能だが、ファイブフォース分析は「競争」の環境分析なので、チャンスの芽を読み取るのに適したタイトル（表題）に置き換えると「機会発見」において使い勝手がよくなる。環境分析表を例示した図30を参考に、5つの項目で検討する内容を見ていこう。

図30 ▶ 環境分析の例【ビジネスホテル】

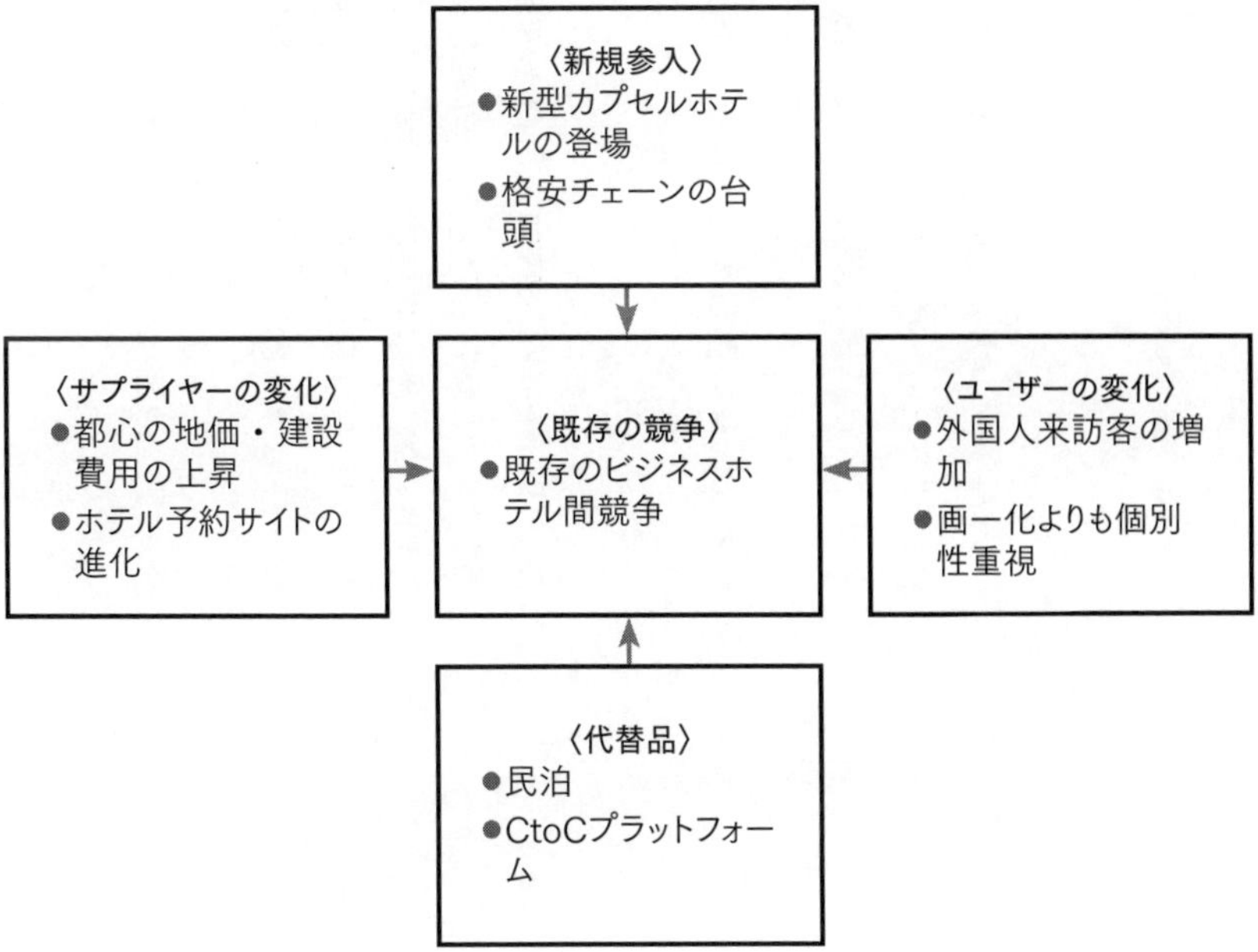

既存の競争

既存の競争環境下における競合は、どのような戦略でどのような商品や事業を展開しているか。それらに対して、自社の強みは何か。

既存の競争において、何が大きな争点となっているのか。あるいは何か新しい動きや変化がないか概観することが分析の出発点となる。ビジネスホテルを例に考えてみると、既存のビジネスホテルチェーン間における価格競争がこれに当たるだろう。また、快適な睡眠環境を提供するためにこだわりのベッドを設置した眠り特化型ホテルや、ご当地の食材をふんだんに取り入れた朝食を売りにするホテルなど、新しい差別化要素による新たな競争もこの項目に当てはまる要素だ。

新規参入

市場に新規参入してくる、もしくは将来参入してきそうな競合はどこか。その競合は、どんな打ち手を繰り出しているか。

ビジネスホテルの例では、既存のビジネスホテルと比べて圧倒的に部屋は狭いが、モダンで洗練された新しいタイプのカプセルホテルの登場などがこれに当たる。「既存の競争」で検討した競合とは方向性が異なる、業界の慣習を超えたアイデアを見つけたらこの項目に書き加えよう。

代替品

ユーザーのニーズを市場の常識とは異なる方法で満たす代替品は何か。既存市場を塗り替えてしまうような破壊的イノベーションの兆しはないか。

ビジネスホテルを例にすると、仲介サービスの台頭に伴い、ホテルの代替としてその存在感が高まっている「民泊」のような、旅館やホテルではない新しい宿泊サービスの提供者の登場がこれに当たる。既存の枠組みでは捉えきれない、まさに従来の延長線上には存在しないような新しい製品・サービス・事業に注目しよう。

ユーザーの変化

消費者・生活者のライフスタイル、価値観、行動様式に変化の兆しは見られるか。その変化によって市場はどのような影響を受けそうか。

ビジネスホテルを例にすると、外国人来訪客の増加などがこれに当たる。これまでは日本のビジネスパーソンが主な顧客だったのが、手軽な宿泊料金に注目した外国人来訪客の宿泊先としてビジネスホテルが注目されている。その結果、ビジネスパーソンよりも長期間の滞在が増え、それに伴う課題や機会が生じている、といったユーザー側の新たなアクションに着目することで興味深い変化の兆しを発見できるだろう。

サプライヤーの変化

資源や技術などの外部から提供されるものや、それらの提供者にどのような変化の兆しがあるか。その変化によって市場はどのような影響を受けそうか。

ビジネスホテルの例では、都心の地価や建設費用の上昇がこれに当たる。外国人来訪客の増加に伴い、需要は増加している一方で、コストも急騰するため、地方都市などは外国人来訪客需要が期待でき、かつ建設費用が少なくて済むエリアでのビジネス展開に機会があるかもしれない。

サプライヤー側の変化を見つめてみることで、事業者、ユーザーとは異なる視点で対象テーマを洞察することができるだろう。

▼環境分析の進め方

①チームを集める

環境分析は、チームによるワークショップ形式で進めると、メンバーの多様な視点が反映され、より幅広い議論が可能になる。前述のとおり、環境分析には明確な5つの枠があるので、チームで行っても議論がブレることなく、スムーズにディスカッションを進めることができる。

②情報収集する

ワークショップの参加者は事前に情報収集しておく。環境分析の5つのフレームワークを参考にしながら、テーマに関連するニュースや情報を、雑誌や書籍、インターネット検索で事前に調べておくとよい。

例えばホテルの例で言えば、雑誌やインターネットメディアのホテル特集を読んだり、ホテルに関する新書に目を通すとよい。気になったキーワードがあればメモをしておき、別途インターネット検索でさらに詳細の情報を調べておく。

デスクリサーチや専門家インタビューを実施していて、内容が共有されているようであれば、事前に一読し、環境分析に使えそうなネタがあればメモしておいて、ワークショップに持参するとよいだろう。

③個人作業で要素を出す

ワークショップでは、まずは個人作業で、ポスト・イットを使って、「既存の競争」「新規参入」「代替品」「ユーザーの変化」「サプライヤーの変化」の5つの枠ごとの要素を書き出す。図30のように、「新規参入」であれば「新型カプセルホテルの登場」、「代替品」であれば「民泊」といった要領だ。既にデスクリサーチや専門家インタビューを行っている場合は、その内容も参考にしよう。

個人作業で作成したポスト・イットは、グループディスカッションを行う際にそのままホワイトボードなどに貼ることができ、時間の効率化につながる。ポスト・イットは、遠くからでも内容が読み取れるよう、ボールペンではなく、サインペンなどを使って太い字で記入しよう。

④グループ作業で共有する

個人作業を終えたら、グループ全体で個人作業の内容を共有しながら、5つの枠の中にポスト・イットを貼っていく。他の人の発表を聞きながら気付いたことがあれば、それもポスト・イットに記入して貼る。このグループ作業では、自分のアイデアを共有すること、そして他の人のアイデアをさらに高めることを意識して臨もう。

グループディスカッションを行うと、良くも悪くも他のメンバーの考えに触発される。そのため、いきなりグループ作業に入るのではなく、必ず個人作業を挟んで1人ひとりが自分の考えを整理する時間を設けることが大切だ。

⑤視点を導出する

個人作業、グループ作業を通して環境分析表ができたら、それぞれの枠を概観して、新しい機会を考える上でどのような視点が重要になるかをディスカッションしよう。その際に特に注目すべきは、5つの枠の中にこれまで検討してこなかった新しい要素があるかどうかだ。

特に、「新規参入」と「代替品」にまず注目するとよい。新規参入に、既存のプレイヤーとは異なる企業や団体が入ってきている場合は要注意だ。それらがどんな背景でどんな狙いのもと、テーマとなっている市場に入ってきているかを理解することで、新たな気付きを得ることができる。

ビジネスホテルの例で言えば、新型カプセルホテルの運営会社は実はホテルではなく、航空機のシートメーカーであることがわかり、さらに、その背景には航空機シート製造で培った狭いスペースを快適空間にするノウハウがあることに気づくといった具合だ。ビジネスホテルの快適性を考える上で、航空機のシートとの共通性という、枠外の視点を獲得することができる。

▼体験分析とは？

体験分析とは、対象としている製品・サービス・事業に関する体験を、最初から順を追って改めて記述・構造化するものである。例えばカーシェアであれば、最初に車を借りようと思い立ち、WEBやアプリで予約をし、予約時間直前に通知をもらい、駐車場に出向き、キーを開け、運転中に予約時間の変更を行ったりして、最終的に駐車場に戻って返却手続きをして、後で利用明細がメールで届く、などといった体験の流れを整理することだ。

体験の流れを記述・構造化するために便利なのが、5Eモデルだ。導入（Entice）、直前（Entry）、体験中（Engagement）、直後（Exit）、体験後のつながり（Extention）の5つの枠に当てはめていくことで、短時間で体験の流れを整理し、構造化することができる。体験分析表を例示した図31を参考に、各体験段階で検討すべき内容を見ていこう。

図31▶体験分析の例【カーシェア】

体験に至る導入[Entice]	直前[Entry]	体験中[Engagement]	直後[Exit]	体験後のつながり[Extension]
アプリを使った空き状況の検索	予約時間直前の通知	ナビの使い勝手	利用明細メールの受信	利用履歴の確認
予約の確認・変更	駐車場までの行き方表示	給油のしやすさ	車内に忘れ物がないかのリマインド	次回利用できるクーポンの提示
	駐車場におけるサインの表示	利用時間の変更		
		トラブル時の連絡窓口		

導入（Entice）

何かをやりたい、欲しいと思ったときのユーザー行動を整理する。カーシェアで言えば、車を借りようと思ったときに、アプリを使って空き状況を検索する行為などがこの段階に当てはまる要素だ。

直前（Entry）

「導入」と「体験中」の間にある、つなぎ目の部分に注目して整理する。カーシェアの例では、予約時間直前の通知や駐車場までの行き方表示などがこの段階に当たる。

体験中（Engagement）

どのような体験ができて、ユーザーに対してどのような価値を提供できているかを整理する。カーシェアの例で言うと、車そのものの快適性やカーナビゲーションの使い勝手、給油のしやすさなどがこの段階で検討すべきことだ。

直後（Exit）

体験から通常の生活へと、スムーズに橋渡しができているかどうかを整理する。カーシェアの例で言えば、車の返却直後に利用明細がメールで届いたり、車内に忘れ物がないかどうかのリマインドといった内容がこの段階に当たる。

体験後のつながり（Extension）

体験中に不足していたことをフォローできているかどうか、次の体験につながる仕組みがあるかなどを検討する。カーシェアの例では、利用履歴を確認できたり、次回利用できるクーポンが提示されたりすることがこの段階に当てはまる。

▼体験分析の進め方

① 情報収集する

体験分析も環境分析と同様に、ホワイトボードや模造紙を使ったワークショップ形式で情報整理すると、効率的かつ示唆に富んだ議論ができる。

ワークショップを始める前に、参加者は各自、自分たちが提供している製品やサービスの体験について情報収集しておく。場合によっては現場を確認し、写真などを撮っておくとよいだろう。写真は小さいサイズにプリントしておくとワークショップの際に掲示できる。

② 体験段階ごとに要素を出す

ワークショップ本番は、各自が収集してきた体験要素をポスト・イットなどに書いて、体験段階に即して貼っていく。写真も同じように、貼ったり剥がしたりしやすいテープを使ってボードに貼っていこう。

体験段階ごとに要素を貼りだしたら、次に重複している体験要素がないかを確認して、体験の流れを整理していく。

③ 視点を導出する

体験分析表が完成したら、体験はスムーズに行われているか、不満や不便はないか、提供したい価値が狙い通りに利用者に伝わっているかについてディスカッションして、これまで気がつかなかった新しい視点を導出する。

カーシェアの例で言えば、「体験中」は十分なサービスを提供できていそうだが、「体験後のつながり」の段階の、特に次回利用できるクーポンの提示に不満がありそうだといった議論を深めていくことが大切だ。気づかなかった視点が見つかったら、それに関連する競合や類似サービスの体験を整理していくことも新しい視点導出のために有効だ。例えば「次回利用できるクーポンの提示」であれば、同じようなシェアリングサービスでクーポン利用率が高いケースを調べるといった具合だ。

7　課題リフレーミングワークショップ

▼課題リフレーミングワークショップとは？

「デスクリサーチ」「専門家インタビュー」によって対象テーマに関する情報を収集し、「時代分析」「環境分析」「体験分析」で情報が整理できたら、課題リフレーミングワークショップを行う。課題リフレーミングワークショップとは、これまでにインプットした外部情報を共有して、導出した初期視点についてディスカッションし、最終的に次の定性調査で活用する「対象者属性」をリストアップすることだ。

定性調査に移る前に、各プロジェクトメンバーが「課題リフレーミング」で導出した初期視点及び対象者属性を十分に理解し、いわゆる「自分ごと化」できているかどうかによって、リサーチの成果は大きく異なる。そのため、このワークショップにはプロジェクトにかかわる全メンバーが参加できるようにしよう。また、意思決定者などのステークホルダーにも声をかけて、早くからプロジェクトに巻き込んでいくのも効果的だろう。

▼課題リフレーミングワークショップの進め方

①事前準備

プログラムの設計

- ワークショップのプログラムを設計する。課題リフレーミングワークショップは基本的に、「インプットの共有」「分析フレームワークを用いたディスカッション」「初期視点のディスカッション」「対象者属性のリストアップ」の4つで構成される。図32を参考に、休憩時間なども考慮しながらプログラムを決めていくとよいだろう。
- 1日かけてワークショップを行う場合は、「インプットの共有」に約2時間、「分析フレームワークを用いたディスカッション」と「初期視点のディスカッション」と「対象者属性のリストアップ」にそれぞれ約1時間半を割いて、食事や休憩の時間も適宜設けておく。各プログラムの時間を増減して半日や1泊2日で実施することも可能なので、参加者のスケジュールにあわせて調整しよう。

参加者のスケジュール確保

- 日時を決めて参加者のスケジュールを確保する。
- プロジェクトメンバー外のステークホルダーに声をかける場合は、人数が多くなるので日程の設定と調整を早めに行おう。

図32 ▶ 課題リフレーミングワークショップのアジェンダの例（1日で実施した場合）

1　インプットの共有（10:00 ～ 12:00）

デスクリサーチや専門家インタビューの内容を共有する

昼食（12:00 ～ 13:00）

2　分析フレームワークを用いたディスカッション（13:00 ～ 14:30）

時代分析、環境分析、体験分析などの分析フレームワークを用いてディスカッションする

休憩（14:30 ～ 14:45）

3　初期視点のディスカッション（14:45 ～ 16:15）

初期視点として着目すべきポイントをリストアップする

休憩（16:15 ～ 16:30）

4　調査対象者のリストアップ（16:30 ～ 18:00）

初期視点を踏まえて、この後の定性調査の対象者像をリストアップする

場所と備品の確保

- 見晴らしのよい、リラックスできる会場を確保する。社内の会議室でも実施することは可能だが、普段とは異なる環境に出向くことで、固定観念にとらわれないディスカッションをができるようになるだろう。
- ポスト・イット、サインペン、マーカー、模造紙、テープなどの備品を準備する。参加人数が多い場合は、スーツケースに入れて運ぶと移動しやすいのでおすすめだ。

資料の事前準備

- デスクリサーチや専門家インタビューの内容をまとめた資料、時代分析や環境分析、体験分析を行った際に整理した表を用意しておき、当日プロジェクターに投影したり、配布したりできるようにしておく。

②ワークショップ当日

ワークショップ当日は、プロジェクトリーダーなどがファシリテーターとなってディスカッションを進めていく。

ファシリテーターの役割

- アジェンダに沿ってディスカッションを円滑に進めるために、タイムマネジメントを行う。
- 参加者のディスカッションを活発化させるために、適宜質問などを投げかける。

- ディスカッションの内容をポスト・イットなどに書き留める。必要に応じて、ファシリテーターの他に書記役を設ける。

参加人数が多い場合は、複数のグループに分けてディスカッションを行おう。1グループあたり、4~6人が適切だ。グループの人数が多いと、せっかく集まってもらったにもかかわらず1人あたりの発言時間が短くなり、参加者が消化不良のままワークショップが終わってしまったり、多様な意見を得られなくなってしまうので注意しよう。

③ ワークショップのプログラム例

(1) インプットの共有

- デスクリサーチと専門家インタビューの内容をまとめた資料を投影・配布しながら、インプットした情報を共有する。
- 参加者は聞きながら、気づいたことをノートやポスト・イットに書き出しておく。

(2) 分析フレームワークを用いたディスカッション

- デスクリサーチと専門家インタビューの内容を参考に、時代分析、環境分析、体験分析などの分析フレームワークを用いてディスカッションする。
- グループが複数ある場合は、各グループでディスカッションする時間と、各グループでのディスカッション内容を全体に共有する時間をあらかじめ設定しておこう。

(3) 初期視点のディスカッション

●課題リフレーミングを始める前に持っていた「課題認識」を更新するような新しい視点に着目する。

●デスクリサーチと専門家インタビューをもとにした「インプットの共有」、時代分析と環境分析と体験分析による「分析フレームワークを用いたディスカッション」を通して出てきた、これまで気づいていなかったこと、新しい生活者の動向を示唆することなどをリストアップする。

●「なるほど、こんな見方もあったのか」「へー、そんなことをやっている人がいるんだね」といった素直な驚きや発見を大切にしながら視点を広げる。

●次の問いを参考にしながら、初期視点を導出していく。

・既成概念に対する挑戦とは何か?

・新しいチャンスは何か?

・カギとなる生活者は誰か?

・カギとなる行動は何か?

・カギとなるモノ、コトは何か?

●この章の冒頭で紹介した図23を改めて見てみると、「どうすればきれいな写真が撮れるか」という課題認識に対して、「カメラをコレクションする」「周辺グッズにこだわる」「写真のコミュニティがある」といった初期視点を導出している。カメラ/写真という対象テーマに軸足を置きながら、「コレクション」「コミュニティ」「ソーシャルメディア」といった新しい切り口が加わっているのがポイントだ。

(4) 対象者属性のリストアップ

● 初期視点をさらに深く理解するための対象者属性についてディスカッションし、この後の定性調査で活用する対象者像をリストアップする。

● 対象者属性をリストアップする際は、個々の視点に即して人のイメージを具体的に表現する。カメラの例で言えば「カメラをコレクションする」という視点に対して「膨大なカメラのコレクションを持つ人」といったように、人物像を書き出すとよい。

● 次の切り口を参考にしながら、対象者属性を明らかにしていく。括弧内に示したのが、図23の対象者属性だ。

・初期視点で示唆することを実践している人（例：膨大なカメラのコレクションを持つ人）

・初期視点で示唆する領域において象徴的な活動をしている人（例：写真コミュニティの有名人）

図23（再掲）▶課題リフレーミングのプロセスの例【カメラ／写真】

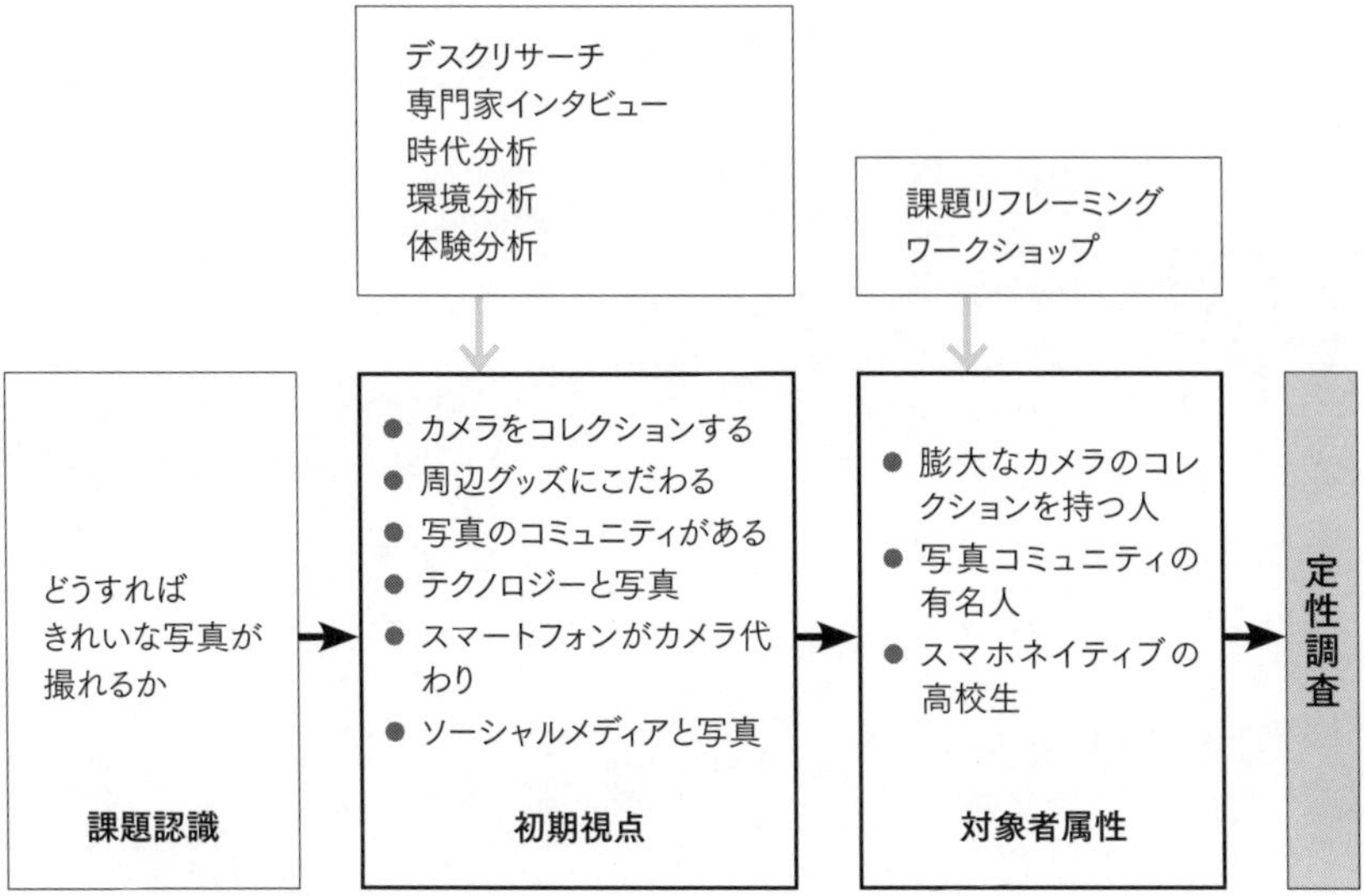

・初期視点が示唆する生活者グループ（例：スマホネイティブの高校生）

●エスノグラフィ調査における対象者選定について、第5章でその考え方を詳しく述べているので、ぜひそちらも参考にしてほしい。

定性調査について

▼機会発見プロセスにおける定性調査とは

これまで繰り返し述べてきたように、機会発見とは、「枠外の視点」の探索によって収集した「定性情報」を「統合的操作」することで、生活者にとっての新しい価値を見出し、市場を創造するアプローチである。第4章と第5章では、この「定性情報」を収集するための「定性調査」について解説するが、その前にイントロダクションとして定性調査の特徴や手法について簡単に紹介していこう。

一般的に、調査は定量調査と定性調査の2つに大別される。定量調査は、大きなサンプル（標本）数の対象者に対して選択回答式のアンケート調査などを行い、量的な情報を収集する手法である。一方、定性調査は、アンケート調査における自由回答や、インタビューの発言、観察情報など、文章や画像で構成される質的な情報を収集する手法だ。また、定量調査は得たい情報を事前に設定して計画的に収集する傾向が強いのに対して、定性調査は事前の枠組み設定が弱いため収集される情報の自由度が高く、その結果、枠外の視点が得られやすい。

本書では、自由回答を主体としたアンケート調査を行う「日記調査」と、1人の対象者にインタビューする「デプスインタビュー」、そして対象者の自宅や活動の現場に出向いて観察やインタビユーを行う「エスノグラフィ調査」に分けて、定性調査手法を紹介する。

マーケティングリサーチの世界でも、グループインタビューや日記調査、デプスインタビューなどが行われているが、どちらかと言えばあらかじめ準備した仮説を検証するような場面で使われるため、質問内容や進行が形式化されていることが多い。一方、機会発見プロセスにおける定性調査は、枠外の視点を得て新しい機会を探索することが目的だ。そのためデプスインタビューやエスノグラフィ調査では、その場の話の流れや文脈に応じて質問内容や進行を柔軟に変えていく。また日記調査でも、自分たちが想定していなかった回答がもたらされるよう、選択肢型ではなく自由回答型の質問を用いる。

▼エスノグラフィ調査の特徴

生活者起点で新しい機会を発見するためには、生活者の現場から気付きを得ることが不可欠だ。

標準的なサンプル数	実施期間	メリット	デメリット
30件程度	1カ月程度	リクルーティングと調査が容易にできる	調査結果の読み込みに時間と労力がかかる アンケートなので、生活者に関する完全な背景情報が得られるわけではない
10件程度	1カ月程度	効率よく、豊かな定性情報を収集できる	会場におけるインタビューなので、生活環境に関する情報は得られない
5～10件程度	1.5カ月程度	インタビューと観察による豊かな定性情報を得ることができる 現場体験を通じてプロジェクトメンバー間で対象者への共感が共有される	時間とコストがかかる

自分たちが慣れ親しんだ世界とは異なる場に身を置いて、体験・経験することで初めて、生活者にとっての新しい価値の手がかりが見つかる。

本書で紹介する定性調査手法のうち、もっともこの目的に適しているのがエスノグラフィ調査、次いでデプスインタビュー、日記調査の順だ。エスノグラフィ調査は、生活者の現場に赴いてインタビューや観察を行うフィールドワーク型の調査なので、獲得できる定性情報が格段に多い。さらに、生活者の自宅や活動先で話を聞いたり、彼らの暮らしぶりを観察することによって、他の2つの手法では得難い、生活者への深い理解と共感がもたらされるのが特徴だ。そのため、本書ではエスノグラフィ調査を機会発見における主たる調査方法として紹介する。

ただし、エスノグラフィ調査は日記調査やデプスインタビューと比べて時間とコストがかかるので、定性調査手法の比較（図33）を参考に、プロジェクトの状況に応じて取り入れる手法を組み合わせるとよいだろう。

図33 ▶ 定性調査手法の比較

	目的	方法
日記調査	アンケートによる生活者の価値観、動機に関する定性情報の収集 デプスインタビューやエスノグラフィ調査のプレリクルーティング	自由回答を主体とした日記形式のアンケート調査
デプスインタビュー	インタビューによる生活者の価値観、動機に関する定性情報の収集 エスノグラフィ調査のプレリクルーティング	1人の対象者にインタビューを実施
エスノグラフィ調査	フィールドワーク（インタビューと観察）による生活者の価値観、動機に関する定性情報の収集	対象者の自宅や活動の現場に出向いてフィールドワークを実施

▼日記調査／デプスインタビューの特徴

エスノグラフィ調査が生活者の現場に赴く「フィールドワーク型」の定性調査なのに対して、日記調査とデプスインタビューは「オフィス完結型」の定性調査だ。自分の世界を飛び出すことで、枠外の視点が得られやすくなるのは間違いないが、オフィス完結型の定性調査にも様々な利点がある。

手軽に実施できる定性調査

オフィス完結型の最大のメリットは、フィールドワーク型（エスノグラフィ調査）と比べて少ない時間とコストで、より多くの対象者にインタビューや自由回答式のアンケートなどを行うことができる点である。エスノグラフィ調査は、調査そのものや情報整理に時間がかかるが、日記調査やデプスインタビューはインターネットやオフィス内の会議室で実施できるので、手間が少なくて済み、手軽だ。

1プロジェクトあたりのエスノグラフィ調査件数が標準で5〜10件、多くて20件程度であるのに対して、日記調査であれば30件から場合によっては100件近く実施することも可能だ。デプスインタビューとエスノグラフィ調査にかかる時間を比較しても、デプスインタビューであれば1日4件程度は実施可能だが、エスノグラフィ調査は1日2件が限度だろう。

初期視点のブラッシュアップ

オフィス完結型調査は手軽なだけでなく、うまく活用すれば、エスノグラフィ調査を補強できたり、「課題リフレーミング」で導出した初期視点をブラッシュアップすることができる。

例えば初期視点に従って複数件のデプスインタビューを行うことで、課題リフレーミング段階では気づかなかった新たな視点を発見できたり、視点の絞り込みにつながったりする。あるいは、エスノグラフィ調査を行う前に日記調査を実施し、その結果を概観することで、エスノグラフィ調査で掘り下げていくべき事柄が明確になっていく。

エスノグラフィ調査対象者の見当をつける

もう1つ利点として挙げられるのが、時間も労力もかかるエスノグラフィ調査をより内容の濃いものにするための準備ができることだ。具体的には、オフィス完結型調査を実施することで、エスノグラフィ調査においてどんな生活者に会いに行くべきか、対象者イメージが明確になり、課題リフレーミングでリストアップした対象者属性をさらに吟味することができるだろう。

また場合によっては、オフィス完結型定性調査の対象者をそのままエスノグラフィ調査の対象者とするのも効果的だ。オフィス完結型調査を通じて対象者の人となりがある程度把握できているため、目的に従ったリクルーティングが可能になる。また対象者自身も、日記調査やデプスインタビューにおいて対象テーマに触れているため、エスノグラフィ調査をスムーズに進めることができるだろう。

第4章 日記調査とデプスインタビュー

1 日記調査

▼日記調査とは？

日記調査とは、数日間にわたりその日あったことを回答してもらうアンケート調査である。他のアンケート調査と同様に、日記調査もインターネット上のアンケート回答システムを用いるのが一般的だ。機会発見における日記調査は、自由回答の記述形式で行われ、写真の添付をお願いすることもある。

例えば食がテーマのプロジェクトであれば、毎日の食事の様子を撮影してもらい、どんなものをいつ誰と食べたか、また、その時感じたことや準備の工夫などを記述してもらう。3日から長くても1週間記録してもらえれば、その対象者の生活サイクルを把握することができるだろう。マーケティングリサーチの世界でも日記調査はよく使われるが、定量情報としての活用が目的なので、選択肢形式で行われることが多い。一方、機会発見は、市場創造の糸口となる「枠外の視点」を得ることが目的なので、これまで自分たちが気づかなかった切り口や着眼点が得られやすい、自由回答形式を重用する。

日記調査の実施件数は標準で30件程度、場合によっては100件近く実施することも可能だ。

▼日記調査の進め方

①調査目的の整理と調査票の作成

まずは「課題リフレーミング」で導出した初期視点に従って、日記調査を実施することの目的を整理する。対象者へのアンケートを通じて何を明らかにしたいか、どんなことを把握したいかをリストアップしていこう。次に、そのリストを参考にしながらアンケート調査票を作成する。チームメンバーを集めて、ポスト・イットを使いながら調査目的を洗い出していき、一通り項目が出たら調査票に記載する順番に並び替えてみる、という手順で進めていくと、多様な視点に基づいて調査目的が整理できるだろう。

調査票の作成には3つのコツがある。1つは、1日あたり30分程度で回答できる分量におさえること。あまりに質問数が多いと記入負担が多くなり継続的に回答できなくなってしまうので、5〜10問を目安にしよう。対象者の負担量が気になる場合は、メンバー2〜3人が実際に日記調査をやってみて、記入にどれくらい時間がかかりそうか、継続して回答できそうかを確認するとよいだろう。

2つ目のコツは、毎日記入してもらう日記と、調査最終日に記入してもらうテーマ全体に関する質問に分けて、調査票を作成することだ。日記ではその日にあった事実や感想を中心に聞くのに対して、全体質問は、テーマ関連の商品の利用履歴や、テーマに関する動機や価値観などを聞く。

例えば食がテーマの日記調査であれば、テーマとなっている商品を初めて使った時期やその商品を選んだ背景、最近気になっている食べ物や、こだわっている食品など、食に関するその人の動機や価値観について全体質問で聞いておくと、枠外の視点の獲得につながるだろう。

3つ目のコツは、質問の仕方だ。クローズドクエスチョンと呼ばれる「○○は好きですか」という聞き方をしてしまうと、回答が「はい」か「いいえ」で終わってしまう。日記調査の目的である「枠外の視点」が得られやすいのは、5W1Hで構成されるオープンクエスチョンだ。特に、「なぜ」や「どのようにして」といった質問の仕方をすると、回答者の動機や価値観を探ることができるだろう。

② 対象者の選定

調査票が作成できたら、課題リフレーミングで検討した対象者像を参考にしながら対象者の選定（リクルーティング）を行う。リクルーティングは、マーケティングリサーチ会社に依頼して彼らの調査パネルから対象者を選定する方法と、あらかじめ調査の許諾が取れている自社の顧客リストから選定する方法がある。

リサーチ会社を利用すると、対象者との事務的なやり取りを任せられるので手間は省けるが、リクルーティング条件が利用者数の少ないニッチな商品の利用者などの場合、対象者選定に時間とコストがかかる可能性がある。自社リストのメリットは、あらかじめ調査の許諾が取れている自社製品の利用者を容易にリクルーティングすることができる点だ。一方で、対象者とのやり取りなどを全て自分たちで行わなければならない点がデメリットとなる。

どちらのリクルーティング方法を選択しても、事前調査を行って日記調査に適した対象者を特定する。事前調査は、性別、年齢、職業といった基本項目に加えて、リクルーティング条件を反映した5つ程度の質問で構成される。その中の1～2問を自由作文にすると、対象者の文章力やテーマに対する関心度を測ることができ、よりよい対象者を見つけられるだろう。

③ 調査の実施

目的の整理、調査票の作成、対象者の選定を終えたら、いよいよ調査に移る。最近はインターネットを使ったアンケート調査環境が整ってきており、日記調査もインターネット上で実施するのが一般的だ。

インターネット調査の場合、逐次、回答を確認することができるので、投稿されていく結果を見ながら、回答が滞っている対象者がいたら連絡を入れるなどのフォローをするとよいだろう。その日あったことはその日中に回答してもらったほうが、記述がより正確になり、結果として対象者の負担も減る。

④ 結果のまとめ

調査が終了したらデータを集約・整理して、資料を作成する。後述する「カルテ」のような形式でまとめた資料を読み込むことで、初期視点をブラッシュアップできたり、エスノグラフィ調査の対象者の目星をつけることができる。

▼情報整理の方法

定量情報の収集を目的とするマーケティングリサーチの調査報告書は、結果の一般性を重視するため、調査のまとめ方は対象者ごとではなく、質問項目ごとになることが多い。質問項目ごとにページが設けられ、調査結果が統計処理されたグラフとタイトル、調査担当者のコメントなどで構成される。一方、機会発見は対象者1人ひとりへの理解・共感が重要になるため、調査結果は対象者ごとにまとめていく。

本書では、機会発見に適した日記調査の情報整理フォーマットとして、「カルテ」を紹介する。これは医師が病状や経過などを患者ごとに記録するカルテと同じように、日記調査の定性情報を対象者ごとに整理する資料だ。

カルテの作成にあたっては、まず、図34のような調査項目を網羅するフォーマットを用意し、それに従って対象者ごとのデータを流し込んでいく。フォーマットの基本的な項目は、対象者の性別や年齢などの属性情報、テーマに対する対象者の実態や価値

図34 ▶ 日記調査のカルテ例

観、日記調査全体から読み取れる対象者のサマリー、そして、対象者の具体的な行動を知るための個別の日記だ。

対象者の情報と日記調査の回答がフォーマットにそって整理された「カルテ」があることによって、対象者の人となりと毎日の行動をセットで見ることができ、より深く、立体的に対象者を理解し、共感することができる。調査日数によっては1人あたり複数ページにまたがることもある。

カルテを作成したら、パソコンの画面で見るのではなく、プリントアウトし、対象者1人ひとりの生活に思いを馳せて、気になったところはペンでチェックを入れながら読み込んでいこう。このカルテの読み込みによって生活者への理解と共感が深まり、新たな視点獲得や次のステップにおける対象者選定のヒントが得られる。


日記調査を通して具体的にどんなことが得られるのか、ヨーグルトを例に考えてみよう。

朝しかヨーグルトを食べない人もいれば、寝る前にしか食べない人もいたとする。選択肢型のアンケート調査だと、ヨーグルトの喫食は朝型と夜型が、例えば50％ずつだということまではわかるが、その背景情報まで掴むのは難しい。だが自由回答型の日記調査によって対象者の人となりと、朝型・夜型という行動をセットでみることで、その実態や価値観といった背景情報を理解することができる。

例えば、朝型の人は、子育てと仕事を両立する女性に多く見られ、朝はとにかく時間がないが、健康にも気遣いたいので、時短と健康を兼ね備えたものとしてヨーグルトを食べているということがわかるかもしれない。あるいは、夜型の人は、忙しく働くひとり暮らしの独身女性に多く、毎晩帰宅してからお風呂に入った後にヨーグルトをゆっくりリラックスしながら食べているという実態が見えてくるかもしれない。日記調査を通して1人ひとりの生活様式にまで目を向けることで、同じヨーグルトでも異なる価値が期待されていることに気づくことができるだろう。

このように、人となりと行動を合わせて考察することは、対象者がなぜそのような行動をとっているのかを、生活の背景情報とともに深く理解することにつながるのだ。

2 デプスインタビュー

▼デプスインタビューとは?

グループインタビューがその名前の通り、複数の対象者に話を聞くのに対して、デプスインタビューでは対象者は1人だ。デプス(Depth)とは「深い」という意味で、グループよりも1人あたりのインタビュー時間が長く取れ、また対象者にとっては他に参加者がいないのでまわりの反応を気にすることなく話すことができるため、対象者からより深く話が聞けるという特徴がある。

デプスインタビューはマーケティングリサーチの世界でも活用されているが、グループインタビューと比べて1人の対象者にかかる時間とコストが多いため、グループインタビューが採用されることが多い。機会発見においては、日記調査同様、1人の生活者に対する理解と共感を重視するため、インタビューといえばデプスインタビューのことを指す。

1件あたりの実施時間は1時間半が目安だ。第5章で解説するエスノグラフィ調査と同様に、デプスインタビューは対象者と信頼関係を構築できると、相手の人間性に迫る質問ができるようになり、対象者への理解と共感が深まる。

関係構築には時間を要するため、1時間のインタビューだと本題として聞きたいことがやや手薄になってしまう。一方で長過ぎると対象者、インタビュー者双方の集中力が続かなくなるので、1時間半程度がインタビューの適正時間だろう。1時間半のインタビューであれば、準備も含めて、予定を詰め込めば最大で1日4件実施することも可能だ。

デプスインタビューの実施件数は対象テーマの範囲、期間、予算などによるが、5～10件程度行えばかなりのことがわかってくるだろう。例えば2日間実施することにして、余裕をみて1日3件の場合は計6件、1日4件の場合は計8件のデプスインタビューを行うことができる。デプスインタビューの時間配分については、後述するインタビューガイド（図35）を参考にしてほしい。

▼デプスインタビューの進め方

①目的の整理とインタビューガイドの作成

日記調査と同様に、まずはデプスインタビューを実施する目的を整理し、その目的に従ってインタビューで聞くことをリストアップする。リストが完成したら、インタビューの進め方を記述したインタビューガイドを作成する。

インタビューガイドとは、全体をいくつかの要素に分けて、それぞれに時間を割り振り、要素ごとに質問事項を記述したメモのようなものだ。例えば、自己紹介や目的説明などから入り、対象者の普段の仕事内容を伺い、それを踏まえてテーマに関することを聞き、最後に今後の展望などを質問するといった構成だ。

テーマに関する質問は、課題リフレーミングで検討した初期視点の要素を問いの形に置き換えてみるとよいだろう。また、「何を、どんなときに使っているか?」などといった事実に関連する回答しやすそうな項目から始めて、対象者に少し考えてもらう必要がある動機や価値観に関する質問を後半に持ってくると、インタビューをスムーズに進めることができる。インタビューガイドの構成要素や質問事項については、図35が参考になるだろう。

②対象者の選定

デプスインタビューの対象者選定は、機縁法（人のネットワークを通じて探す）とスクリーニング法（別途アンケート調査を実施して行う）という2つの方法がある。機縁法とスクリーニング法については第5章のエスノグラフィ調査で詳述するので、そちらも参考にしてほしい（126頁）。

日記調査を事前に行っている場合は、日記調査の対象者の中からリクルーティングすることも可能だ。対象者の了承が得られたら、日記調査経由でデプスインタビューにも参加してもらい、関係を構築した上でさらにエスノグラフィ調査に赴くことも可能だ。

ただ、対象者の中には、オフィスに自ら赴くデプスインタビューであれば協力できるが、自宅への訪問は遠慮したいという方もいるので、依頼する際は注意しよう。

図35 ▶ インタビューガイドの例（1時間半程度で実施する場合）

1　趣旨説明と自己紹介　（5分程度）

- インタビュー者の自己紹介
- インタビューの趣旨説明（内部資料として活用するものであり、外部に公開しないことを伝える）
- インタビュー時間や大まかな内容についての確認

2　対象者自身について（15分程度）

- 自己紹介（家族構成、お仕事、趣味、休日の過ごし方など）
- （事前に日記調査を行った場合）調査内容を確認しながら対象者自身についてのインタビューを進める

3　テーマについて（50分程度）

- テーマに関する質問をする
- 事実に関する質問から始めて、動機や価値観について聞いていく（例えば、当該商品の購入場所から始めて、思い入れや愛着などを聞く）

4　今後の展望について（15分程度）

- テーマに関連した今後やってみたいこと、計画していること、興味があることなどを聞く

5　クロージング（5分程度）

- 聞き逃したことを追加質問する
- お礼を述べ、謝礼などの手続きがあれば行う

③ インタビューの実施

インタビューを行う際は、対象者1名に対して、こちらは2名が理想だ。こちらが1名だと1対1の状況が対象者に心理的な負担を与えてしまったり、3名以上になると圧迫感があって対象者が話しづらくなってしまうことも十分に考えられるが、こちらが2名であればそうした負担は和らぐ。

特に序盤の関係構築段階は、1対1だとお互い緊張して会話のリズムがなかなか生まれず、話が止まって沈黙してしまうケースもある。メインでインタビューする人が1人、もう1人はノートにメモを取りながら必要に応じて質問をはさむという役割分担で進めるといいだろう。また女性の対象者に男性がインタビューする際は、大きな窓のある部屋を会場にしたり、ドアを開けておくなどの配慮を忘れないようにしよう。

④ 結果のまとめ

デプスインタビューの結果は、インタビューノートという形で資料化し、後日読み返したり、同席できなかったメンバーと共有する。

インタビューノートの主な要素は、図36のようにインタビュー内容を示すタイトル、概要を記述したリード文と1段レベルを下げて書く詳細記述だ。特に印象的な発言はそのまま記述するとリアリティが感じられてよいだろう。また、インタビューで言及されたものの写真や図を添付すると、インタビューの模様をイメージしやすくなる。

図36 ▶ インタビューノートの例【オープンカー】

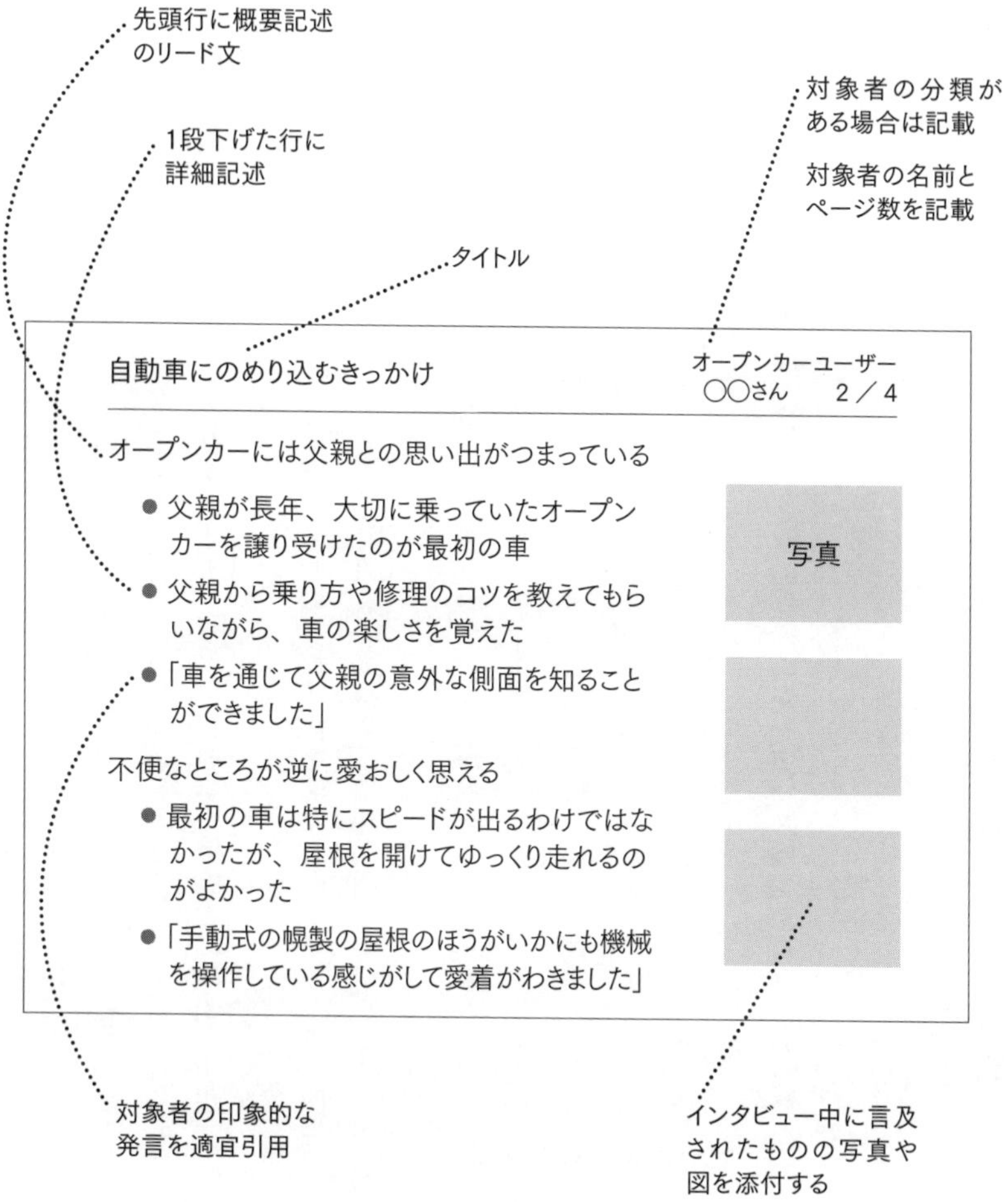
先頭行に概要記述
のリード文
対象者の分類が
ある場合は記載
1段下げた行に
詳細記述
対象者の名前と
ページ数を記載
タイトル
自動車にのめり込むきっかけ
オープンカーユーザー
○○さん　2／4
オープンカーには父親との思い出がつまっている
● 父親が長年、大切に乗っていたオープンカーを譲り受けたのが最初の車
● 父親から乗り方や修理のコツを教えてもらいながら、車の楽しさを覚えた
●「車を通じて父親の意外な側面を知ることができました」
写真
不便なところが逆に愛おしく思える
● 最初の車は特にスピードが出るわけではなかったが、屋根を開けてゆっくり走れるのがよかった
●「手動式の幌製の屋根のほうがいかにも機械を操作している感じがして愛着がわきました」
対象者の印象的な
発言を適宜引用
インタビュー中に言及
されたものの写真や
図を添付する

デプスインタビューを通じて具体的にどのようなことが得られるのか、オープンカーのユーザーを例に考えてみよう。デプスインタビューの対象者としてオープンカーを何台も乗り継いでいる人が選ばれたとする。インタビューの前段階では、オープンカーを乗り続ける理由として、オープンカーならではの運転時の開放感や気持ち良さなどが想定される。またこれらに関連して、屋根の開閉機能や、オープンにしても空調やオーディオが問題なく機能するかどうかが争点として考えられる。

実際にデプスインタビューを実施し、対象者との信頼関係を構築しながら相手の人間性に迫っていくと、当初想定していたものとは異なる対象者の動機や価値観が明らかになることがしばしばだ。

このユーザーの例で言えば、車との「精神的なつながり」が見えてきたりする。どういうことかというと、対象者の乗り継いできたオープンカーの履歴を辿っていくと、免許を取ったときに、父親が長年乗り続けてきた旧式の装備のオープンカーを譲り受けたことが明らかになり、対象者はオープンカーに情緒的な側面を期待していることがわかった。そのため、リモコンで自動開閉する屋根のほうが明らかに便利であるのにもかかわらず、手動で開閉する幌製の屋根を好むという、このユーザー特有の価値観が明らかになる、といった具合だ。

こうした対象者のこだわりを深く探ることができるのが、デプスインタビューの特徴だ。

▼インタビューのコツ

デプスインタビューは、オフィスやインタビュールームなどの対象者にとって見知らぬ場所で行われ、また参加者は自分1人であるため、はじめは緊張していることが多い。緊張を解きほぐすためにも、前述のようにインタビューは関係構築からはじめよう。

対象テーマとは関係ないようなことであっても、対象者との関係構築や人間性の理解につながるような質問をインタビューの前半に積極的に行うとよいだろう。例えば、対象者の普段の仕事内容や日々の暮らしにおけるこだわりのポイントなどを聞くと、その対象者の背景や価値観を知ることができる。平日や休日の過ごし方を、朝起きてから寝るまで時間を追って聞いていくと、その人の日常生活や、好きなこと、食事のパターンや内容までがわかり、対象者への理解を深めることができるのでおすすめだ。

インタビューをしながら興味深いポイントがあれば、突っ込んで聞いてみるとよいだろう。質問を重ねることで、相手に対するこちらの興味が伝わる。人は、自分に興味をもってくれる人には心を開くものだ。こうした積極的な質問と興味の表明は、対象者との関係構築に大きく貢献する。

インタビューの後半は、徐々に本題に入っていく。事前に日記調査を実施した対象者であれば、あらかじめカルテに目を通して興味深い点に線を引いておき、インタビュー中に確認しながら会話を発展させていこう。デプスインタビューの際は対象者の自宅には訪問しないため、日記調査は写真などを通じて対象者の生活の様子を知る貴重な情報源となる。日記調査とデプスインタビューを組み合わせると、擬似的なエスノグラフィ調査を実施できる。

インタビューをしていくと対象者の発言が次々に出てくるが、それらをポスト・イットに書きとめ、ホワイトボードに張り出していく方法がある。そうすることによって対象者は自分の発言が大切に扱われていると感じることができ、より建設的なインタビューになる。また、こうしたワークショップ型で進めることにより、出てきた発言を確認しながら進行できるので、インタビューする側にとってもメリットがある。

さらに、写真素材を使いながらインタビューする方法もある。テーマに関係する写真を対象者に持参してもらったり、こちらで何組かの写真を用意する。写真が媒介となることで、言葉だけでは伝わりづらい細かいニュアンスを含んだコミュニケーションが可能になり、多くの発見が得られるのでおすすめだ。

その他のインタビューの技法については、次章の「エスノグラフィ調査」で詳しく見ていこう。

第5章　エスノグラフィ調査

第5章 エスノグラフィ調査

1 エスノグラフィとは？

▼学術界から産業界への応用

エスノグラフィは文化人類学や社会学といった学術界で培われた方法論であり、近年その考え方や手法の一部が産業界にも応用され始めている。学術界の本格的なエスノグラフィと区別するために、産業界で活用される際、英語圏ではエスノグラフィックリサーチ（Ethnographic Research）と称されることもある。

学術界のエスノグラフィは、対象となる現場に少なくとも数カ月、長ければ数年かけて滞在するのに対して、産業界では時間とコストの制約から現場に入り込むのは数時間から1日が一般的だ。本書では、後者の産業界で行われているエスノグラフィのことを「エスノグラフィ調査」と呼ぶ。

エスノグラフィ（Ethnography）のエスノ（Ethno-）は、エスニック料理などと同じ語源であり、

「民族的な」という意味だ。グラフィ（-graphy）は、伝記（bio-graphy）などと同様の「記述されたもの」という意味がある。日本語では民族誌（学）と翻訳されることが多く、もともとは人類学者が自分たちとは異なる文化圏の生活の現場に入り込み、観察などを通じて現地の人々の生活の様子を事細かに記述した記録のことを指す。いつしか記述されたものだけではなく、観察を通じて記述をする行為そのものもエスノグラフィと呼ばれるようになった。

人類学者起点のこの方法論は、その後近接領域の社会学や心理学などにも応用され、これらの領域の専門家が産業界でも活用するようになった。特に早いタイミングで活用されたのは、アメリカを中心とするテクノロジー関連の企業だ。既存商品の使いやすさの改善や、新興国市場の理解、市場変化の兆しの察知などといった目的でエスノグラフィを用いるようになった。

さらに、デザインやイノベーションを専門とするコンサルティング会社でも、ユーザーを理解し、イノベーションの機会を発見するための標準的な方法として採用されるようになった。

▼参与と観察

エスノグラフィ調査の最大の特徴は、対象となる人々の生活の現場に実際に赴き、「現場に入り込む」こと。そしてインタビューを通じて話を聞くだけではなく、人の行動やしぐさ、周囲の環境の観察を通じて「対象を理解する」ことの2点である。これは人類学において確立された参与観察（Participant Observation）という概念に起源を持つ。

産業界におけるエスノグラフィ調査は長期間にわたって対象に入り込むことは難しいが、家を訪問する以外にも、買い物に同行する、対象者が属しているコミュニティの活動に参加するなど、短時間であっても対象者の生活の文脈に参加することで大きな発見が得られる。

デプスインタビューなどとのもう1つの違いは、生活の現場に赴くことで観察による理解が可能になる点だ。対象者にインタビュールームに来てもらうデプスインタビューとは異なり、エスノグラフィ調査では自宅を中心とした生活の現場に赴くため、対象者そのものだけではなく、居住地周辺の環境、住まいの様子、所有物などから生活の文脈を読み取り、より深く対象者を理解することができるのである。

▼自分の「ものの見方」を更新する

本書では学術界のエスノグラフィと区別するためにエスノグラフィ「調査」としているが、調査といっても情報収集を優先するのではなく、重要なのは新しい機会の発見につながる示唆を得られるかどうかである。そのためエスノグラフィ調査とは、自分自身の「ものの見方」を更新するためのフィールドワーク、あるいは旅のようなプロセスとして捉えるとよいだろう。

第3章の「課題リフレーミング」で述べたように、人は往々にして、物事に対して固定的な見方(固定観念)を持っている。こうした見方がないと、日々の情報を効率よく処理できなくなってしまう。だが、これまで気づいていなかった新しい機会は、既存の枠組みの外に存在することが多いため、こうした固定的な見方が邪魔になることがしばしばだ。

エスノグラフィ調査の最大の利点は、自分の「ものの見方」を更新することだと言える。インタビュールームにおける調査は、自分のオフィスなどの慣れ親しんだ環境で行われるため、自らの存在が問われるような経験をすることは少ない。一方、エスノグラフィ調査で訪れる生活の現場は、一般的な戸建て住宅やマンションであったとしても、その様子は千差万別だ。自分の生活環境とこれほどまでに違うのかと驚くことも多い。普段とは異なる環境に赴くことで、自ら積極的に環境適応しなければならず、普段の物事に対する見方がこれでよかったのだろうかと考えさせられる瞬間が多く訪れる。

ちょうど旅行にいくと、それまでの考え方や態度が一変したりするのとよく似ている。こうした体験の積み重ねが、これまでの見方の更新と、新たな見立ての獲得につながるのである。

▼学びの態度で臨む

これまでの見方を更新し、さらに新しい見方を獲得するためには、自分とは異なる考え方や価値観があるかもしれないという、低姿勢かつ柔軟な態度が求められる。エスノグラフィ調査の世界では、師弟関係における弟子のような態度が必要だと喩えられることがある。

「先生」は自分が正しく、相手に対してその正しさを伝える役割である。一方で、「弟子」は未知で未熟なため、先生から学び、物事を柔軟に吸収するという立場だ。エスノグラフィ調査では、まさに弟子になったような学びの態度で臨み、見聞きすることを新鮮に受け止め、驚きとともに自分のものにしていくことが重要だ。

実はこれが簡単なようでなかなか難しい。ビジネスの第一線で活躍し、特定の領域に通じている方々にとって、生活者の意見や行動は「わかっていない」とか「間違っている」ように見えてしまうこともしばしばだ。しかし、こうした態度では、普段通りの見方でしか物事を捉えることができなくなってしまう。こうした場合でも、その場で良し悪しの判断を下さず、そこから何か学ぶことはないだろうかと、柔軟に受け止めることが大切だ。その姿勢が相手にも伝わり、関係構築が進み、よりよいフィールドワークにつながっていくのである。

▼エクストリームユーザーから学ぶ

エスノグラフィ調査では、新しい機会につながる示唆を得られるかどうかを重視して対象者を選定する。そのため、新しい生活行動を先行して、やや極端に実践しているエクストリームユーザーを対象者とすることが有効だ。エクストリームユーザーに会うことで、その特徴的な行動から未来の示唆を得ることができる。エクストリームユーザーの行動そのものが一般化するというよりは、彼ら彼女らが先行的に行っていることが、将来普及しやすい形になって一般化するという考え方だ。

平均的な対象者からこうした示唆を得られることは少ない。仮説検証型のアプローチであれば、偏った評価にならないように、特異な人たちは避け、平均的な対象者を調査する必要がある。一方、仮説発見型の機会発見アプローチでは、いかに枠外の視点を獲得できるかが求められるため、調査する相手は、平均的な対象者ではなくエクストリームユーザーになる。

エクストリーム（Extream）は「極端な」と訳されることが多いが、本来は真ん中から離れた端のほうという意味だ。エスノグラフィ調査の対象者選定においては、平均的なユーザーから離れた特徴や行動特性がある人を指す。

例えば、ある製品の利用者であれば極端に多く、あるいは高頻度で使っている人などである。エクストリームユーザーの例としては、図37のように、使用、保有、購買の数や量が多い（少ない）、頻度が多い（少ない）、行動の継続期間が長い（短い）、といった特徴が挙げられる。

また、現状ではまだ一般的になっていないことを、こだわりをもって時間とコストをかけて実践している人などもエクストリームユーザーの候補だと考えられる。これらの人々の行動が将来そのまま一般化するとは考えにくいかもしれないが、多くの人が取り入れやすい製品やサービスとなって普及する可能性は十分にある。

エクストリームユーザー選定のポイントは、新しい機会を探索するためのインスピレーションがもたらされるような興味深い特徴があるかどうかだ。ここで挙げた選定基準の他にも、課題リフレーミングやその後の定性調査から浮かび上がった視点を参考に、未来を示唆するエクストリームユーザー像を絞り込むとよいだろう。

図37 ▶ エクストリームユーザーの例【サプリメント】

- 1回10種類のサプリを服用している
- 成分ごとに異なるメーカーからサプリを購入している
- 1カ月5万円以上サプリに使っている
- オーダーメイドでサプリをつくってもらっている
- サプリのために海外通販を多用している
- 西洋医学と東洋医学の知見に基づいたサプリを目的別に使い分けている
- サプリを粉末状にして自家製スムージーの中に入れている
- ピルケースなどの周辺グッズにお金をかけている
- ヨガなどのエクササイズとサプリ服用を独自にプログラム化している

▼共感がビジネスの意思決定を動かす

プロジェクトの規模や期間にもよるが、エスノグラフィ調査で対象者に会いに行ける件数には限度がある。定量調査のように何百、何千といった数を収集することは困難だ。そのため、エスノグラフィ調査を起点とするプロジェクトでは数字をもとにした意思決定を行うことは自ずと難しくなる。

では何を拠り所として意思決定すればよいのだろうか。それは一言でいえば、対象者1人ひとりに対する共感である。こんな生活を行っている人がいて、こんなことに困っているということが組織に伝わることで、それならこんな機会がありうるのではないかと、意思決定者や組織のステークホルダーの思いが強まる。

エスノグラフィ調査は、エクストリームユーザーをはじめとした生活者の様子を、リアリティをもってプロジェクトや組織に伝達するための有効なインプットとなる。そのためにも、現場に赴き、対象者に自身の言葉で語ってもらい、その様子を写真やビデオにきちんと記録することが非常に重要だ。

インタビュー中は、こちらが聞きたいことを一方的に質問するのではなく、相手の発言や振る舞いにあわせて、質問の仕方や内容を柔軟に変えていくようにしよう。そうすることで、対象者自身のこだわりや興味・関心を引き出せるようになる。こうした態度は、後述するエスノグラフィ調査の進め方にも反映されている。

▼家庭訪問調査との違い

エスノグラフィ調査と家庭訪問調査の違いについても述べておきたい。家庭訪問調査とはマーケティングリサーチの世界で行われてきた、生活者の自宅に赴く定性調査のことを指す。エスノグラフィ調査と家庭訪問調査は、生活者の自宅で行われるインタビューを中心とした調査という点では似ている。一方で、調査目的や態度、さらにはそれに付随した調査の細部が異なるものだと理解していただくとよいだろう。

家庭訪問調査はマーケティングリサーチの文脈で行われるため、既存の商品や、かなり出来上がったコンセプトの評価といった「仮説検証」を目的としていることが多い。一方、機会発見アプローチにおけるエスノグラフィ調査は「仮説発見」を目的としている。

家庭訪問調査は、仮説検証型のフィールドワークという側面があり、質問項目が仔細に決められていることが多いが、エスノグラフィ調査は後述するように、対象者の発言の自由度を確保するため、質問内容は大まかにしか規定しない。

2　エスノグラフィ調査の進め方

エスノグラフィ調査は、図38のように5つのステップで実施する。各ステップにおいてどんなことを行うか、具体的に見ていこう。

▼①対象者イメージのリストアップ

対象者のリクルーティングを進める前に、こんな人に会いに行きたい、話を聞きたいという対象者イメージをリストアップし、プロジェクト内で共有する。課題リフレーミングやその後の定性調査を参考に、エスノグラフィ調査として生活の現場を観察するとよさそうな対象者像を整理していく。

対象者像は、いわゆる属性的な項目よりも、定性的な項目を優先する。例えば、○○している人、○○を使っている人、○○に参加している人、○○という価値観を持っている人、○○が好きな人といった具合である。こうした項目を一通り出した後に、年齢や職業、家族構成などの属性的な項目についても付記しておくと、対象者イメージがより具体的になるだろう（図39）。

図38 ▶ エスノグラフィ調査のステップ

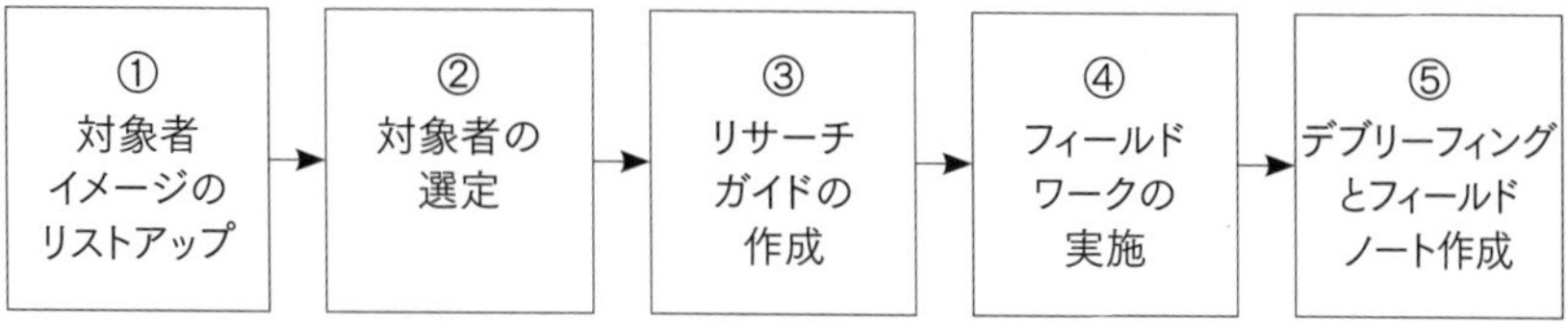

図39 ▶ 対象者イメージのリストアップの例【カメラ】

- 毎回同じ時間、同じ場所で自分撮り写真を撮ってアーカイブしている人
- カメラのコレクションはすごいが、写真はほとんど撮らない人
- ケースやストラップなど周辺グッズにお金を使ってこだわっている人
- 写真を通じたサークル活動でコミュニティをつくっている人
- 可処分所得のほとんどをカメラや写真関係に使っている人
- 360度カメラやVRなど最新のテクノロジーを積極的に使っている人
- 写真の保存のためにクラウドサービスを使いこなしている人
- デジタルカメラで写真を撮ったことがないスマートフォンネイティブな人
- 写真に特化したソーシャルメディアのフォロワー数が多い大学生

▼② 対象者の選定

リクルーティング方法

対象者像が整理できたら、そのイメージに合う対象者の選定（リクルーティング）を行う。ここでのリクルーティングとは、対象者を探し出し、訪問のアポイントメントを取ることだ。

リクルーティングは、人のネットワークを通じて探す方法（機縁法）と、別途アンケート調査を実施して行う方法（スクリーニング法）がある。

機縁法

機縁とはきっかけのことで、人のつながりを通じて対象者を探すことを指す。機縁法のもっともシンプルな進め方は、自分や同僚の知り合いから当たっていくやり方だ。広い人脈を持っていそうな知り合い、もしくは対象領域にネットワークがありそうな知り合いを通じて、さらにその先の知り合いを紹介してもらう。最近では、ソーシャルメディアの普及によって人のつながりが広がっているため、こうしたツールを使って呼びかけてみるのも有効だろう。

マーケティング調査会社によっては、人のネットワークを通じて対象者を探しだす機縁法のリクルーティングサービスを提供しているので、こうした会社に依頼することも可能だ。機縁法のメリットは直接・間接的に対象者の人となりを知ることができ、適切な対象者かどうかを事前に判断できることだ。一方で、限られた範囲からしか対象者を探すことができないという側面もある。

スクリーニング法

スクリーニングとは「ふるいにかける」という意味で、アンケート調査を通してリクルーティングを行う。対象者イメージをアンケートの調査項目に落とし込み、その項目に反応した人を対象者として確保するという方法だ。スクリーニング法のアンケート調査は、一般的にインターネット上で行うが、質問数が少ないので、本調査と比較しても安価に、手早く実施できる。

アンケート調査を行う際のサンプル数は、対象者イメージの出現率（発生確率）にもよるが、数百や数千という単位で調査を依頼し、その中から候補者を探すこともしばしばだ。機縁法よりも広い範囲から対象者を探すことができる一方で、リクルーティングのためだけに定量調査を実施するため、調査票を作成したり、調査結果を見ながら対象者を選定したりと、手間がかかる。

リクルーティング方法の使い分け

機縁法とスクリーニング法は、探し出したい対象者イメージに応じて使い分けるとよいだろう。スクリーニング法で一旦進めて、足りない場合は機縁法で補うという方法が一般的だが、対象者像がニッチな場合は、機縁法のほうが会いたい人に会える確率が高くなる。特に対象者像の背景に特定のコミュニティが存在する場合は、コミュニティへのアプローチを通じた機縁法が有効だ。特定の製品のユーザーや高頻度利用者などの、アンケート調査で質問しやすい条件の場合は、スクリーニング法を主に活用するとよいだろう。

日記調査の対象者に依頼する

既に日記調査を実施している場合は、日記調査の対象者の中からエスノグラフィ調査の対象者をリクルーティングすることも可能だ。また、スクリーニング法での事前アンケート調査では、適切なエクストリームユーザーを判別できるか不安な場合は、アンケートの質問数を増やして、平日と休日の過ごし方を詳しく聞くといった簡易的な日記調査にすると、生活実態を確認しながら対象者を選定することができる。調査を行うコストはかかるが、明らかに対象者選定の確度は上がるため、時間とコストに余裕がある場合はこの方法を試してみるとよいだろう。

対象者の件数

エスノグラフィ調査の件数は、プロジェクトの規模や期間にもよるが、少ない時で5件程度、多くても20件程度となる。フィールドワークそのものに1件あたり半日はかかるため、1日に実施できるのは2件までとなる。他の定性調査と比較すると、時間とコストがかかるので、プロジェクトの予算や期間を加味しながら、実施件数を検討するとよいだろう。

重要なのは、定量調査とは異なり、件数（サンプル数）を増やせば増やすほど結果の確度が上がるわけではないということだ。少ない件数でも素晴らしい対象者に出会えて、ものの見方がガラリと変わることもあれば、ある程度件数をこなしてもピンと来ないこともある。重要なのは数ではなく、適切なエクストリームユーザーをリクルーティングできるかどうかだ。適切な人に出会うために、次のコツを意識しながらリクルーティングを進めよう。

話したいタイプの人かどうか

見ず知らずの人を自宅に招き入れるのは、多くの人にとって心理的な負担を伴う。一方で、こうした調査に協力的な人には、往々にして何か人に伝えたいことがあるものだ。伝えたいことがあり、見ず知らずの人であっても何かを共有したいという思いが強い対象者に出会えると、協力的な態度で示唆に富む話を聞くことができ、有益な調査となる。

機縁法であれば、紹介者を通じてこうした「話したいタイプ」の人かどうかを事前確認することができる。スクリーニング法ではなかなか難しいが、調査票の中に自由回答欄を多く設けることで、その回答内容や分量を見ながら話したいタイプの人かどうかの見極めができるだろう。

条件の重なりが大きいか

話したいタイプの人かどうかと同じく重要なのが、想定した対象者像に合致しているかどうかだ。リクルーティングを進めていくと、リストアップした対象者イメージが1人につき、1つ当てはまるというよりは、1人の対象者の中に複数の対象者イメージが同居していることがよくある。条件の重なりが多いということは、その人自身の対象テーマへの関心が高いことを意味し、こうした対象者からは示唆に富む情報が得られやすい。

条件の提示と許諾

対象者が見つかったら、訪問の目的、訪問人数、所要時間、謝礼（有無と金額）などの条件を提示する。あわせて、撮影（写真・動画）や録音などの許諾をもらう。許諾内容はインタビュー同意書として書面にまとめ、訪問前や訪問時の冒頭に対象者と取り交わしておくと、その後のトラブルを回避できるだろう。

アポイントメントが取れたら、電話などで連絡を取り、自己紹介と調査目的を伝えるとともに、自宅以外に参加させてもらえそうな活動があるかどうかもあわせて確認するとよいだろう。普段よく訪れる場所や買い物先、所属コミュニティの活動に同行させてもらうと、さらに有益なフィールドワークになる。自宅以外の訪問先の例は、図40を参考にしてほしい。

▼③リサーチガイドの作成

フィールドワークに出向く前に、訪問先での段取りやインタビューで聞くべきことを整理したリサーチガイドを作成する。リサーチガイド作成の目的は、聞きたいことの聞き漏れがないようにすること。そして、複数グループに分かれてフィールドワークを実施するときに、どのグループでも同レベルのフィールドワークができるようにするためだ。

リサーチガイドは、大まかな流れと時間配分、行うこと、聞くこと、確認することなどで構成される。例えば対象者との予定時間が3時間だとすると、その3時間をどのように割り振り、各パートでどのようなことを行う

図40 ▶ 自宅以外の訪問先の例

サークル活動やコミュニティ活動をしている場合
- サークル活動やコミュニティ活動の現場に同行する
- 一緒に活動している方々にインタビューする

消費財がテーマの場合
- 自宅インタビューに加えて、普段の買い物（スーパー、コンビニ、ホームセンターなど）に同行する
- 複数箇所に同行すると、場所ごとの購買行動の違いを確認できる

自動車や自動車関連商品がテーマの場合
- 自宅インタビューに加えて、車に乗せてもらう
- 乗車中や乗車後にインタビューする
- 訪問先の許可が取れれば、ディーラーや整備工場など、対象者が普段付き合いのある場所に一緒に訪問する

都市開発など空間がテーマの場合
- 対象者が普段訪れることが多い場所に一緒に訪問する
- 訪問先の許可が取れれば、馴染みのお店などに一緒に訪問する

かをリストアップしておく。

3時間のエスノグラフィ調査を例に取ると、次のような段取りが想定される。

導入と対象者の理解

最初の30～40分は訪問目的の確認や、必要に応じてインタビュー同意書の取り交わし、訪問者の自己紹介、対象者の基本情報の確認などに時間を取る。

次に30分程度、テーマ周辺の事柄を中心に質問を行う。前述のように、エスノグラフィ調査では対象者への共感が非常に重要になるため、このパートにおいて、テーマに関連することで対象者が使っていたり大切だと思っていることと、対象者自身の人となり（動機や価値観）を結びつけて理解することを意識しよう。

そして、エスノグラフィ調査は対象者との関係構築が不可欠だ。訪問中のやり取りの中で対象者に共感し、その気持ちが相手に伝わることによって、対象者も心を開いてくれる。「導入と対象者の理解」の段階で、対象者の生い立ちや人となりに積極的に耳を傾けることで、この人は自分に興味があるんだなと対象者に感じてもらえることができ、そこから信頼関係を構築できるだろう。

ホームツアー

対象者の人となりを理解し、対象者と関係構築した後は、家の中を見せてもらうホームツアーをお願いする。ツアーの時間はテーマや対象者の家の状況にもよるが、30分程度が標準だ。ホームツアーで確認すべき場所やモノをリサーチガイドに事前にリストアップしておくと、確認漏れを防ぎ、またフィールドワークを平準化できるだろう。

ホームツアーの定番は、冷蔵庫だ。どんな対象テーマであっても、冷蔵庫の中を見せてもらうと、食生活を起点に対象者の人となりを深く理解できる。冷蔵庫に限らず、ホームツアーで見せてもらいたいものは事前に対象者に伝えておこう。

対象者にとって初対面の人を家に迎え入れることは、事前に承認しているとはいえ緊張を伴う。そのためホームツアーは訪問直後ではなく、導入パートにおいて関係構築した後に実施しよう。また、全体の工程の真ん中にツアーを組み込むことで、ツアー以前に出た内容をツアーで確認し、ツアーで新たに発見されたことをその後のインタビューで確認することができる。

例えば、エクササイズをテーマとした訪問の際に、対象者の趣味としてウォーキングが挙げられたとする。インタビューだけでは、どんな器具を使っているかを具体的にイメージすることは難しいが、ホームツアーでウォーキングシューズを見せてもらうことで、いろんなことがわかるだろう。同じウォーキングシューズでも、カジュアルなタイプからスポーツタイプまで様々だ。ホームツアーを終えて、もとの場所に戻ってきた後、見せてもらったウォーキングシューズをもとにして、さらに掘り下げて質問することができる。例えば、カジュアルタイプであれば、一緒に合わせる洋服のこだわりについて聞くことができ、あるいはスポーツタイプであれば、ランニングなど他の運動についての質問に発展するだろう。

深掘りインタビュー

ツアーを行った後、1時間程度を目安にテーマの核心について質問を行う。この深掘りインタビューの段階になると、対象者との関係構築ができており、どんな人なのか、どんなことに興味・関心があるかの理解が進んでいるので、それを踏まえつつテーマに関連した質問をしよう。質問のコツは、はい／いいえで回答できるクローズド・クエスチョンではなく、5W1Hを活用した、その先の会話が発展するようなオープン・クエスチョンを多用することだ。

前述のウォーキングの例で言えば、いつ、誰と、どこへウォーキングに行くのかなどといった質問をきっかけに、その回答に対して、どうしてそうするのか？　どう感じるのか？　といった質問に広げていくとよい。

クロージング

深掘りインタビューを終えたら、10分程度でクロージングを行う。同行者に聞きたいことがないかを確認し、追加の質問があれば行う。時間に余裕があれば対象者に、伝え忘れたことがないかを聞いてみるのもよいだろう。最後にお礼を言って、必要に応じて謝礼や領収書のやり取りを行う。

グループインタビューフローとの違い

グループインタビューを経験されたことがある方は、エスノグラフィ調査のリサーチガイドの類似物としてグループインタビューのインタビューフローを想起するかもしれない。インタビューの段取りを記述する点は共通しているが、根底にある考え方は大きく異なる。

グループインタビューフローは、「仮説検証」のために、細かい時は数分単位でスケジュールを組んで質問はすべて事前に決めておくのがほとんどだ。従ってインタビューフローの情報量は複数ページに及ぶ。

一方、エスノグラフィ調査は「仮説発見」が目的なので、想定外の発見や気付きを重視する。そのため、リサーチガイドはあくまで大まかな流れをおさえるための「ガイド」という位置づけであり、むしろガイドに記載されていない、こちらも想定していなかった話が出ることを歓迎する。リサーチガイドの情報量は、A4用紙片面に収まるか、多くても2ページでA4両面になる程度が望ましい。

実際のフィールドワークでは、リサーチガイドにある質問を入り口にしつつ、対象者の反応や会話の方向に合わせて、その場で臨機応変に考えながらガイドにない質問もしていく。会話の流れが本来の趣旨と大きくくずれそうになったら、ガイドを参考に軌道修正するという段取りだ。図41は、3時間程度でフィールドワークを実施する場合のリサーチガイド例である。

▼④フィールドワークの実施

リクルーティングとリサーチガイドの準備ができたら、いよいよフィールドワークを行う。フィールドワークの基本的な流れは図41に例示しているが、実施する上ではいくつかの留意点がある。

チーム構成と役割分担

フィールドワーク実施の際にまず注意したいのは、フィールドワークのチーム構成である。特に対象者の自宅やオフィスなど、空間の制限がある場所に行く際は、大人数での訪問が困難なケースが多い。家を訪れる場合の人数は3～4人が目安だ。2人だとどちらかが急用などで行けなくなってしまった場合にフィールドワークの実施が困難になるし、5人以上だと対象者を圧迫し

図41 ▶ リサーチガイドの例（3時間程度で実施する場合）

1　趣旨説明と自己紹介（10分程度）

- 調査メンバーの自己紹介
- 調査の趣旨説明（内部向けに実施するものであり、外部に公開しないことを伝える）
- インタビュー時間や大まかな内容についての事前確認

2　対象者自身について（30分程度）

- 自己紹介（家族構成、お仕事、趣味、休日の過ごし方など）
- 対象者自身についてのインタビューを進める（事前に日記調査を実施したり、事前に課題をお願いしている場合は、それらの内容を確認しながら進める）

3　テーマについてのインタビュー【導入】（30分程度）

- テーマに関する質問をする
- 事実（何を、どんなときに使っているかなど）から始め、その理由や背景情報を聞いていく
- 一般的なことから始めて、個人的な内容へと深めていく

4　ホームツアー／実演（30分程度）

- テーマ関連のモノや場所を中心に家の中を見せてもらう
- テーマ関連のモノを普段使っている場所で実際に使ってもらう

5　テーマについてのインタビュー【展開、確認】（1時間程度）

- ツアーや実演を踏まえて、その際観察されたことの理由や背景情報を聞く
- 理由や背景情報から、動機や価値観を推察し、それらを深掘りする質問を行う

6　クロージング（10分程度）

- 聞き逃したことを追加質問する
- 必要に応じて、謝礼などのやり取りを行う

てしまう上、多くの日本の家庭ではスペースや椅子の数が足りないこともある。

チーム構成が決まったら、メインでインタビューする人、ノートに記録を取る人、写真を撮る人、ビデオ撮影する人というように役割分担をしていく。

まずはメインのインタビュー者を1人決める。複数の人が同じ割合で話をするとリサーチガイドの維持が困難になる他、対象者も誰に向いて話をすればよいかわからず混乱してしまう。メインでインタビューする人を決め、その人が全体の進行をしつつ、適宜他のメンバーが質問や会話を差し込むとよいだろう。また対象者の発言に応じて、インタビューする人以外もうなずいたり、「なるほど」と相槌を打つことも大切である。

次に重要なのは、ノートに記録を取る人だ。メインでインタビューする人もノートを取りながら進めることで対象者の発言をもとにした質問を考えることができるが、インタビューの進行が優先なので、完全な記録は難しい。そのため、ノートに記録する専任者が必要だ。状況に応じて、複数人がノート係を担当してもよい。

フィールドワークの現場で記録するノートのことをインタビューノートと言うが、この資料はエスノグラフィ調査の内容を有効活用するための生命線と言っても過言ではない。ノートの具体的な取り方については後述する。

インタビュー係やノート係と同じように、写真撮影係も重要だ。対象者の許諾を得ることが前提だが、フィールドワークの現場では、同行できないプロジェクトメンバーへの情報伝達のためにも大量の写真を撮影する。写真撮影にある程度慣れたメンバーが専任するのがよいだろう。メインでインタビューを行う人が写真撮影に慣れているようであれば、写真係を兼ねることも可能だ。写真の撮り方についても後述する。

そして、ビデオ撮影が必要な場合は、ビデオ係も設けよう。インタビュー時は三脚などにビデオを固定して撮影することも可能だが、ホームツアーの際には手持ちで撮影するため、あらかじめビデオ係を決めて対応する必要がある。

準備物・備品

次に、フィールドワークに必要な準備物について見ていこう（図42）。

フィールドワーク先の情報

フィールドワーク先の住所や地図、電話番号などが記載された紙を持参する。紙にしておくことで、たとえばタクシー等で移動する際に、運転手にさっと見せることができたり、訪問後にシュレッダーにかけることでフィールドワーク先の情報管理を徹底することができる。

リサーチガイド

フィールドワークの段取りを示した前述のリサーチガイドを印刷しておく。訪問先に机があるとは限らないの

図42 ▶ フィールドワークの準備物・備品

- フィールドワーク先の情報
- リサーチガイド
- ノートとペン
- レコーダー
- カメラ
- ビデオカメラ
- エクササイズのためのツール類
- ポスト・イットとサインペン

で、クリップボードも併せて持参すると便利だ。

ノートとペン

フィールドワークの現場は思いもよらなかった気付きに満ちている。そうした貴重な発見を漏らさず、チームに共有できるよう、ノートとペンは全メンバーが持参するようにしよう。ホームツアー中など、机などがない環境でノートを取ることもあるので、固い表紙のついたリングタイプのノートがおすすめだ。

レコーダー

インタビューの発言を録音するためのＩＣレコーダーのような機材を持参する。スマートフォンの録音アプリでも代替可能だが、その場合は、スマートフォンをフライトモードにするなど、電話やメッセージが入って中断されないように注意しよう。

カメラ

写真撮影用のカメラは、予備を含めて2台持参するとよいだろう。事前に充電やメモリカードの空き容量を確認しておく。バッテリーの充電が心配な場合は予備バッテリーを持参する。カメラもスマートフォンで代用できるが、撮影データの受け渡しのしやすさを考えると、デジタルカメラがおすすめだ。暗所に強い機種であれば、暗い室内でもフラッシュ無しで撮影ができる。また大量に撮影するので、対象者の心的負担を考えると、シャッター音はあまり大きくないものがよいだろう。

ビデオカメラ

短い時間の撮影であれば、デジカメやスマートフォンで代替できる。だがフィールドワーク全体の動画記録となると、バッテリーが十分に持続するビデオカメラのほうがよいだろう。通常のホームビデオカメラの他、スポーツなどの記録に使われるアクションカムでも問題ない。訪問先から電源を借りるのはやや失礼なので、カメラと同様に予備バッテリーを持参するとよいだろう。

エクササイズのためのツール類

インタビュー中に（後述する）カードソートやムードメーターなどのエクササイズを行う場合は、そのためのツールをA3などの大きめのサイズに印刷して持参する。対象者に記入してもらう必要がある場合は、記入用のペンも忘れずに用意しよう。

ポスト・イットとサインペン

フィールドワーク終了後、訪問先近辺のカフェやファミリーレストランなどで30分程度、参加したメンバーによる事後ミーティング（デブリーフィング）を行う。その際、ポスト・イットとサインペンを持参すると、ミーティングで取り上げられた事実や発見を書き出すことができ、それをそのままプロジェクトチームに持ち帰ることができる。デブリーフィングについては後述する。

ロジスティクス

グループインタビューなどのオフィス環境で行われる調査とは異なり、エスノグラフィ調査はフィールドワークの現場がある。そのため、オフィス環境ではそれほど気にする必要がなかった、交通経路の確認や準備物の運搬、ミーティング場所の確保など、いわゆるロジスティクスに関しても準備を忘れないようにしよう。

交通経路の事前確認

フィールドワークの現場は毎回異なる。しかも、馴染みがない場所、初めて行く場所であることがほとんどだ。そのため、入念な交通経路の事前確認が必須となる。遠いところに行く場合は、電車などが遅延した時のことを考慮し、余裕を持って現地に到着できるよう計画する。

フィールドワーク先が対象者の自宅の場合、駅からバスやタクシーを利用することもある。バスは電車と比べると時刻表どおりに運行されないことも多いため、その場合はタクシーを使うとよいだろう。駅によってはタクシー乗り場やロータリーが整備されていない場所も多いので、事前にインターネットで調べておくことをおすすめする。場合によっては、最寄りの駅ではなく、タクシーやバスを利用しやすい駅から移動したほうがよいだろう。

待ち合わせ場所の設定

訪問メンバーが別々に最寄り駅などに集合する場合は、待ち合わせ場所を明確に決めておこう。待ち合わせ場所は改札の前や、後述するデブリーフィング用のカフェあるいは書店などがよいだろう。改札を待ち合わせ場所にする際は、１つの駅に複数の改札がある場合もあるので、どの改札かを特定しておくとよい。

事前／事後の打合せ場所の確保

フィールドワークに行く前や終わった後に打合せをするための、カフェやファミリーレストランなども事前に調べておこう。予約ができるわけではないので、比較的広めの場所に目星をつけておくとよい。

訪問先の情報をまだチームで共有していない場合は、必要に応じて事前打合せを実施しよう。また、事後打合せ（後述するデブリーフィング）をすると、記憶が鮮明なうちに振り返って、フィールドワークで得た事実や発見を生々しさとともに記録することができる。

現場での態度

これまで繰り返し述べてきたように、エスノグラフィ調査は対象者との信頼関係がフィールドワークの成否を分ける。ここでは、生活の現場で対象者と接する際の態度について、改めてポイントを整理しておこう。

対象者の緊張を解きほぐす

ほぼ初対面の人の家に訪れるのは緊張するものだが、それは訪問を受け入れる対象者も同じだ。そのため、訪問先では常に対象者の緊張を解きほぐす配慮が必要だ。

初対面の場合は、まずは基本的な挨拶と引き受けていただいたことに対する感謝を忘れずに述べよう。その後、すぐに本題に入ると唐突なので、「この辺りにはずっとお住まいなのですか？」や「素敵なお家ですね」などといった具合に、訪問先の地域のことや住まいの様子から会話を始めるとスムーズに相手の気持ちに入っていくことができるだろう。

またインタビューの順番も、いきなり対象テーマについて話を聞くのではなく、対象者の日常生活や趣味など、当たり障りのないトピックから始めて徐々に本題に移っていこう。具体的には、人は意見よりも事実のほうが話しやすいため、1日の生活パターンといった事実関連のことを聞いてみよう。すると対象者は気軽に答えられ、さらに対象者のことを理解しようとするこちらの姿勢が伝わり、お互いの心理的な距離が縮まる。

これまで述べてきたように、機会発見のカギは、生活者への深い理解と共感だ。そのため、限られた時間の中で対象者との関係構築を大切にしよう。場が温まり、関係構築できると、途中から親戚の家に遊びに来たかのような雰囲気になることも多い。ここまで来れば、双方にとって実りある訪問になるだろう。

対象者の不安を察知する

緊張をほぐしながらインタビューを進めていくと、対象者が不安や懸念を口にしたり、態度で示すことがある。例えば、こんな話で役に立つのですかと聞かれたり、特定の話題に触れることを避ける態度を感じたりする。こうした時は、その不安をいち早く察知して打ち消すことで、対象者は安心してインタビューを続けられる。

役に立つかどうか心配しているなと感じたら、とても参考になっているとはっきり伝えよう。対象者の発言に対して、相槌を打ったり、リアクションを取ることで、参考になっていることが態度として伝わる。触れてほしくない話題がありそうであれば、その話題は回避しながらインタビューを進めよう。配慮の態度は自ずと対象者に伝わり、信頼の獲得にもつながる。

教えてもらうという態度で臨む

前述のように、教わりに行くという態度で訪問することも重要だ。謝礼と引き換えに情報を取りに行くという態度ではなく、謝礼をある種の授業料と捉え、教えてもらっているという気持ちを持つことで、その誠実さは相手に伝わり、有益な気付きを得ることができる。

さらに、「どんな人からも学ぶべきところはある」という姿勢も大切だ。実際に会ってみるとリクルーティング時のイメージと異なることがしばしばあるが、こうした時も、失敗したと思わず、この人からも何か学べることがあるんじゃないかと気持ちを切り替えると、意外な発見ができることも多い。どんな人もどこかに必ずエクストリームな側面を持っているものだ。想定していた対象者像と異なる場合も、そんな隠れたエクストリームな側面を探りだすことで有益なフィールドワークとなる。

インタビューの方法

現場での態度に続いて、エスノグラフィ調査のインタビューを進めていく上でのコツを紹介しよう。これらはエスノグラフィ調査だけでなく、専門家インタビューやデプスインタビューでも活用できる方法なので、ぜひ参考にしてほしい。

イエス／ノー型ではなく、自由回答型の質問をする

「△△さんは○○のことが好きですか？」といったイエス／ノーで回答できる質問は、「はい」もしくは「いいえ」で回答が終わってしまい、後が続きにくい。また、「好きですか？」と聞くことで、好きであることが望ましいという印象を相手に持たせてしまい、相手がそれに同調して

答えてしまうことも往々にしてある。
そうならないために、「△△さんは○○のことをどう思っていますか?」といったように、いわゆる5W1H（What, Why, Where, When, Who, How）を使った自由な回答が得られる質問を心がけよう。こうした質問形式はオープン・クエスチョンと呼ばれ、イエス／ノー型の質問形式はクローズド・クエスチョンと呼ばれている。オープン・クエスチョンを使ったほうが、会話が発展し、より深い洞察につなげることができる。

理由、意味、よいことなどを深掘りする

オープン・クエスチョンの中でも有効なのが、理由や意味、よいことを聞く深掘り型の質問である。ある回答を対象者から得られたら、「○○さんにとってそうされている理由／意味はなんですか?」「それは○○さんにとってどんなよいことがあるのですか?」といった質問をすることで、事象の背景にある動機や価値観を引き出すことができる。

質問を途中まで言って、後を次いでもらう

深掘り型質問の応用として、質問を途中まで言って、あとは対象者に次いでもらうという方法がある。例えば、対象者の発言に対して「なるほど。そうすると、それは○○さんにとってどういう……」と言うだけで、対象者がその後を受けて「だから△△なんですよ……」といった具合にうまく会話をつないでくれることが多い。これは、発言したいという気持ちに水を指すことなく、インタビューする側が聞きたいことに会話を軌道修正していくための有効な方法だ。

専門用語、カタカナ用語は避ける

特に学生や主婦、年配の方の場合、ビジネスパーソンに対して自分はきちんと回答できるだろうかと不安を抱えていることがしばしばある。こうした状況では、ビジネスパーソンとして日常的に使っているカタカナ語を使うと理解してもらえなかったり、わからない自分がいけないのだとさらに恐縮させてしまう可能性もある。自分にとっては当たり前でも先方にとってはそうではないかもしれないということを念頭に、カタカナ語は意識的に避け、間違っても専門的な知識をひけらかすような態度でインタビューに臨まないようにしよう。

観察から質問を繰り出す

対象者の現場を訪れると、事前に想像できなかった住居周辺の様子や、インテリア、モノなど多種多様な情報に多く触れることになる。こうした環境を観察することで、リサーチガイド作成時には用意していなかった質問をしたくなるだろう。その場合は、ガイドにある質問の間に、観察から想起された質問を臨機応変に挿入するとよい。現場の文脈に則した質問を行うことで、対象者との関係が近くなり、より深い話を聞き出すきっかけとなる。

エスノグラフィ調査のインタビューで重要なのは、リサーチガイドにリストアップしたことはおさえつつ、想定外の発言を引き出すことにある。これらのインタビュー技法を使うことで、対象者の発言を導きながら、思いもよらなかった内容を聞き出すことができるだろう。

観察の着眼点

エスノグラフィ調査における観察の着眼点としてよく知られているのが、「ＡＥＩＯＵフレーム」である。覚えやすいフレームなので、フィールドワーク中に時々思い出して確認するとよいだろう。インタビューの発言には出てこなくても、観察を通じてわかること、推察できることなどもあるので、それらも忘れずにメモを取っておくとよい。

Activities（行動、行為）
どのような行動や行為か？
どのようなプロセス、ステップで行動しているか？
習慣的な行動はあるか？

Environments（空間、周辺環境）
どのような空間や環境に囲まれているか？
どのような機能や雰囲気がある空間か？
空間や環境からどのような影響を受けているか？

Interactions（関係性、相互作用）
人と人の関係性はどのようになっているか？
人とモノの関係性、人と環境の関係性はどうか？

Objects（モノ）
どのような特徴的なモノが存在しているか？

モノから推察、示唆されることはあるか？
人や空間・周辺環境にどのような影響を与えているか？

Users（人）

対象者はどのような動機や価値観を持っているか？
対象者以外にはどのような人が関係しているか？
人々の役割や関係性はどのようなものか？

ノートの取り方

ノートは全メンバーが持参すべき、最も重要な道具の1つだ。ノートをどう取るかによってフィールドワークの充実度は大きく変わるため、次のポイントをしっかりおさえておこう。

ノートに記録すべきもの

ノート係が記録すべきなのは、対象者の発言、事実、周囲の空間の情報などだ。特に印象的な発言は、後で引用できるように対象者が話したことを正確に書き留めておく。多少、口語的な言い回しであったとしても、そのまま残すことで対象者の人間性を伝えるための有効な情報となる。最初は発言や事実を書き留めるだけで手一杯になるだろうが、慣れてくると、その場で気づいたことや推察されることも併せて記録できるようになる。ただし、事実なのか、訪問者の気付き・解釈なのかは後でわかるように明確に区別しておく必要がある。

さらに余裕があれば、空間の間取り図や、モノを簡単にスケッチしておくことも有効だ。間取り図には、特徴的なモノが置いてある場所もメモしておくとよい。写真を撮っただけでは把握できないことも多く、簡単にでも間取り図を書いておくことで、家や空間の全体像を現場に行けなかったメンバーも含めて後で共有することができる。

後で見直す時のコツ

印象的な発言や出来事があれば、それが行われた時刻やインタビュー開始からの経過時間をノートの隅に書いておくとよい。そうすることによって、後で発言内容を確認したいときに、音声やビデオの記録の中から探しやすくなる。

使い勝手のよいノート

ノートは普段から使い慣れたものを使うのがよいが、前述のように、訪問先に机があるとは限らないので、膝の上などでもメモを取りやすいよう、表紙が固めのノートをおすすめする。また、リングノートやページ毎にミシン目が入っているようなものであれば、後で切り離してコピーやスキャンが取れ、手書きのままメンバーと共有することができる。

写真の撮り方

写真は、後で見返したときにその場では気づかなかった発見をもたらしたり、たった1枚の写真が意思決定者の心を動かす要因となったりと、フィールドワークにおける重要な要素だ。量と質を両立した写真撮影を行うためのポイントをいくつか紹介しよう。

たくさん撮る

まず大切なのは、気になったものは何でも撮るという感覚だ。うまく撮れていないものが混じっていても、大量にあれば、他のメンバーに現場の様子を伝えるのに最適なものを選ぶことができる。だが撮影する際は、対象者の心理的な負担を軽減する意味でも、基本的にフラッシュはオフに、シャッター音は小さめしておくとよいだろう。

モノ、インテリア、レイアウトをバランスよく撮る

モノに注目し過ぎて部屋のレイアウトやインテリアなどの写真を撮り忘れてしまうことがよくある。寄りと引きのバランスに注意し、部屋の入口から全体、あるいは壁一面が収まるような写真を撮っておくと、後で空間の様子を説明する際に有効だ。

文脈を持った写真を撮る

モノに注目し過ぎると、そのモノだけにズームした写真を多く撮ってしまいがちだ。これではインターネットのカタログページと同じになってしまい、どのような文脈・環境の中に置かれているのかがわからない。一歩引いて、モノと周囲の様子がわかるような写真を撮るように心がけよう。

訪問先の外観や街の様子も撮る

これもついつい忘れがちだが、訪問先の建物の外観や街の様子も撮っておくと、対象者の生活の周辺情報として参考になる。必要に応じて、リサーチガイドにメモしておくとよいだろう。

フィールドワークの服装

細かい配慮や準備の積み重ねによって、エスノグラフィ調査はより充実したものになる。フィールドワークを行う際の服装についてもアドバイスしておこう。

親しみやすい格好

フィールドワークは相手に合わせて行動するのが一番だが、服装は基本的にカジュアルなほうが相手にプレッシャーを与えることなく、スムーズにフィールドワークを進行することができる。どれだけ事前に説明しても、当日までは、実は訪問セールスなどではないかと警戒されていることもあり、そんなときにスーツ姿などで訪れると余計に怪しまれてしまう。また、椅子とテーブルではなく、床座でのインタビューになることも多いため、女性はスカートではなくパンツスタイルでフィールドワークに臨むのが無難だろう。

脱ぎ履きしやすい靴

一般家庭を訪問する場合、ほぼ間違いなく玄関で靴を脱ぐため、脱ぎ履きしづらいブーツや編上げの靴は避けるのが賢明だ。訪問直後は特に対象者とのコミュニケーションに時間を割いたほうがいいので、さっと靴を脱いでスムーズにインタビューに移れるようにしよう。

▼⑤ デブリーフィングとフィールドノート作成

デブリーフィング（de-briefing）は、「ブリーフィング（briefing）＝事前打合せ」の対義語にあたり、事前に対して事後の打合せのことを指す。もともと軍隊などで使われていた手法が産業界に浸透したようだ。

デブリーフィングは、フィールドワーク直後に時間を取って行うのが望ましい。時間が経って記憶が薄れてしまう前にメンバー間で共有すると、その記憶を定着させることができる。また、同じ発言や事象でもメンバーによって解釈が異なることもあり、メンバー間の認識の統一を図る上でも重要なミーティングだ。前述したように、デブリーフィングの場所は事前に目星をつけておき、またポスト・イットを使うので広めのテーブルがあると使い勝手がよい。

デブリーフィングでは、メンバーがそれぞれフィールドワーク中に気になった発言や事実などを述べていき、主要なポイントはポスト・イットに書き出そう。ポスト・イットに書き出すと何が取り上げられているかをひと目で把握でき、ミーティングの効率を高めることができる。書き出したポスト・イットはそのままオフィスに持ち帰り、プロジェクトルームなどに掲出したり、後述するダウンロード（情報共有のためのワークショップ）でも使うことができる。

デブリーフィング終了後は、他のメンバーへの情報共有のためにフィールドノートと呼ばれるフィールドワークの記録を作成する。フィールドノートには、対象者の基本情報、主要な発言や事実、観察者の推察や発見を記述する。これに加えて、写真や（ノートにメモを取った）間取り図などを挿入しておくとよい。フィールドノートを分担して作成する場合は、あらかじめフォーマットを用意しておき、それに従って各自が記述すると統一感のある資料を作成することができる。

3　エスノグラフィ調査のツール

学ぼうとする態度や対象者への配慮、フィールドワーク前の事前準備など、エスノグラフィ調査には気をつけたいポイントがいくつもある。本章の最後に、エスノグラフィ調査において便利なツールを紹介しよう。こうしたツールを有効活用すると、インタビューを円滑に行い、対象者の積極的な参加を促すことができる。

シャドーイングと定点観測は、生活現場を訪問するエスノグラフィ調査を補完する調査として活用できるだろう。フォトスタディ、カードソート、ムードメーター、ビデオエスノグラフィはエスノグラフィ調査の中で付加的に実施することで、より深い対象者の理解を促すものである。

▼シャドーイング

自宅や職場など対象者の生活の現場に赴いてインタビューする以外に、対象者の生活動線に密着し、行動をともにするシャドーイングという方法がある。シャドーイング（Shadowing）はシャドーという言葉の通り、影のように対象者のあとを追っていく、いわば同行型のフィールドワークだ。

シャドーイングが有効なのは、対象者の買い物に同行したり、車での移動に同行したりといったシーンだ。買い物の同行であれば、テーマとなっている商品を普段と同じような状況で買い物してもらう様子を少し離れたところから観察し、売り場での情報収集や他の商品との比較の様子を見ていく。また、通勤や買い物など普段の車移動に同行し、移動しながら車に対する感想や印象を聞くことも有効だ。

▼定点観測

不特定多数の人々を観察する定点観測という方法もある。定点観測はその名の通り、ある場所にとどまり、目の前を行き交う人々の行動を観察することだ。

定点観測が有効なのは、対象テーマが公共の場で一般的に行われている場合だ。例えばスマートフォンがテーマであれば、駅前のような人が大勢いる場所で、人々がどのようにスマートフォンを使っているかを観察すると、スマートフォン使用の実態がわかる。あるいは、電車に乗りながら乗客のスマートフォン利用を観察することで、電車内でのスマートフォンの用途などを把握することができる。このようなテーマの場合、通常の訪問型のエスノグラフィ調査に加えて、定点観測を行うことで、エスノグラフィ調査とは異なる種類の視点の獲得につながるだろう。

勇気はいるが、興味深い行動をしている人に声をかけて、一言二言意見やコメントをもらうことができたら、それが有益な発見につながるかもしれない。相手が興味を持ってくれたら、別途インタビューを実施することも可能だろう。

▼フォトスタディ

フォトスタディとは、対象者に写真を撮ってきてもらい、フィールドワーク当日にそれらを見ながらインタビューする方法だ。

フォトスタディをエスノグラフィ調査に取り入れることで、写真が媒介になってインタビューが盛り上がる。さらには事前に特定のテーマに即した写真撮影を依頼することで、テーマへの関心度が高まった状態でインタビューすることができるだろう。

以前はフォトスタディを行うために使い捨てカメラを事前送付し、撮影後送り返してもらい、プリントしたものを持参して話を聞いていたが、スマートフォンが普及したおかげで、気軽に写真撮影を依頼できるようになった。特に初対面の人にインタビューする場合は、こうした話のきっかけになるようなツールがあると非常に便利だ。

▼カードソート

カードソートとは、事前にこちらが用意したカードを、フィールドワーク時に対象者に並び替えて（ソート）もらい、それをきっかけにして会話を深めていくという手法である。

カードソートは、抽象度が高い話題について話をするときなどに役に立つ。なかなか言語化するのが難しい場合でも、カードの並び替えによって言いたいことが明確になる。この並び替えが、試行錯誤しながら対象テーマについて考えてもらうプロセスになっているのもポイントだ。

例えばテーマ関連の商品カテゴリー名が書かれたカードを10～15枚程度準備しておき、インタビュー中にそのカードを使ってカテゴリーをグループ分けしてもらう（図43）。カードに記載する情報は文字だけでなく、写真やイラストでもよい。グループ分けが終わったら、なぜそのように分けたかを聞いてみるとよいだろう。

▼ムードメーター

ムードメーターは、心の状態（ムード）の上下を表す手法だ。横軸に時間、縦軸にプラスとマイナスの座標が書かれた紙を対象者に渡し、ある期間中の心の変動を線で書いてもらう。

ムードメーターが有効なのは、保険や住宅、自動車など顧客との関係性が長期間にわたるテーマや、子供用品やシニア関連製品など出産や定年といったライフイベントの影響が大きいテーマの場合だ。

例えば、物心ついた時から現在までをムードメーターで書いてもらうと、その人の人生をより深く理解することができるだろう。一生となるとか

図43 ▶ カードソートの例【調味料】

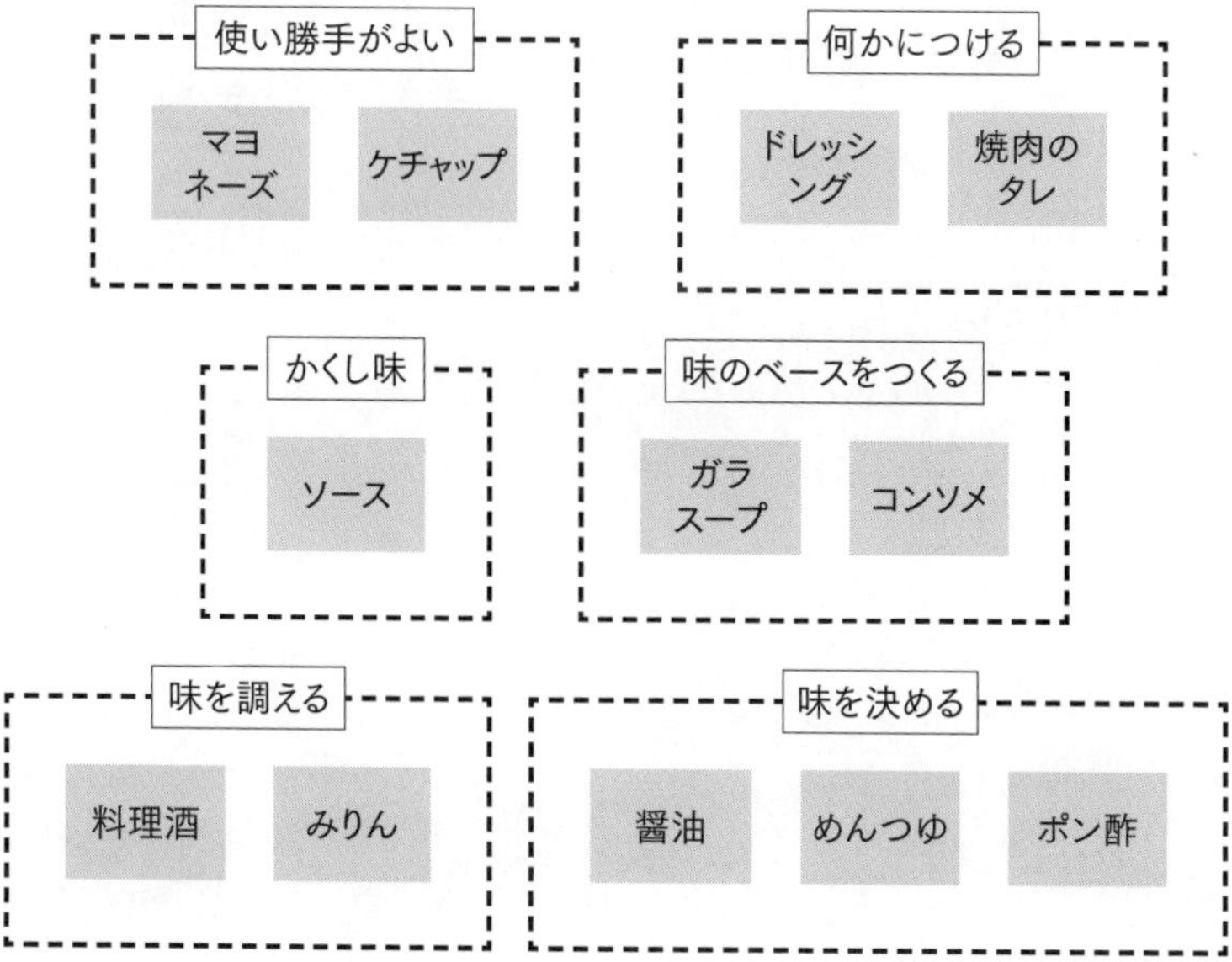

なり長期になってしまうので、テーマに応じて、リタイアや就職、出産といった人生の転機以降の心のアップダウンを書いてもらってもよい。

グラフを書いてもらうだけでなく、各ポイントにおける変化の要因とその時の気持ちを聞くことで、対象者の価値観の移り変わりを確認できるだろう。物理的な媒介物があることで会話がしやすくなる点は他のツールと共通しているが、過去から現在に至るまでの気持ちや価値観の変化を可視化できるのは、ムードメーターならではの特徴だ。

▼ビデオエスノグラフィ

ビデオエスノグラフィとは、対象者に自身の生活の現場を事前にビデオ撮影してもらう方法だ。フォトスタディ同様、映像を媒介に対象者とビデオを観ながらインタビューすることができる。ビデオエスノグラフィを行うことで、朝食風景など家庭訪問が困難な時間帯の様子を間接的に観察できる。また、第三者である観察者がその場にいないため、より普段通りの自然な生活の姿を捉えられる。

ビデオエスノグラフィを行う場合、簡易的なのは、対象者にスマートフォンのビデオ機能で撮影してもらい、訪問した際にそのビデオを確認しながらインタビューするやり方だ。簡易的だが、操作や容量によってはビデオの共有が困難な場合もあるので注意しよう。相手がスマートフォンの操作に不慣れだったり、容量が大きくなりそうな場合は、やや手間はかかるが、ビデオカメラや三脚などの機材を事前に送付し、対象者に撮影・返送してもらうとよいだろう。

第1章　機会発見とは何か?

第2章　機会発見のプロセス

第3章　課題リフレーミング

第4章　日記調査とデプスインタビュー

第5章　エスノグラフィ調査

第6章　情報の共有と整理

第7章　機会フレーミング

第8章　機会コミュニケーション

第6章 情報の共有と整理

1 情報共有のポイント

定性調査の後は、これまでのプロセスを通して得た事実や発見をプロジェクトメンバー間で共有し、整理・内在化していくステップに進む。まずは機会発見プロセスにおける情報共有の特徴を見ていこう。

▼ストーリーテリングの手法を活用する

機会発見プロセスでは、少ないサンプル数からいかに新しい機会につながる発見ができるかどうかがカギとなる。そのため、どんな人が、どんな状況下で、どのような動機や価値観を持ち、どのような行動をとっているかを1つのストーリーとして共有していく。こうすることで1人の対象者を、属性や行動に加えて、動機や価値観といった人間性（人となり）に至るまで包括的に捉えることができ、情報としての説得力が増す。

動機や価値観を深く理解すると、まだ顕在化していない対象者のニーズが見えてくる。例えば、毎日お昼に決まったものしか食べない人がいたとして、その断片的な事実だけでは偏った食習慣としてしか理解されないかもしれない。しかし、家族の事情や自身の健康問題といった人となりがわかっていれば、その行為を理解する立体的な意味付けを行うことができる。

立体的な意味付けとは、特定の製品・サービスの利用実態に限定するのではなく、対象者を360度、全人格的に理解しようとすることだ（図44）。長く特定の事業に関わっていると、その事業が対象としている製品・サービスと生活者の接点にばかり注目してしまい、枠外の視点に気付くことは難しい。テーマとは直接関係ない領域の動機や価値観も含めて生活者を全人格的に理解することで、自分たちの事業のブレイクスルーに結びつけることができる。

▼情報を物理化する

機会発見プロセスの情報共有としてさらに特徴的なのは、ポスト・イットに書いて貼りだしたり、スケッチしたり、

図44 ▶ 対象者を全人格的に理解する

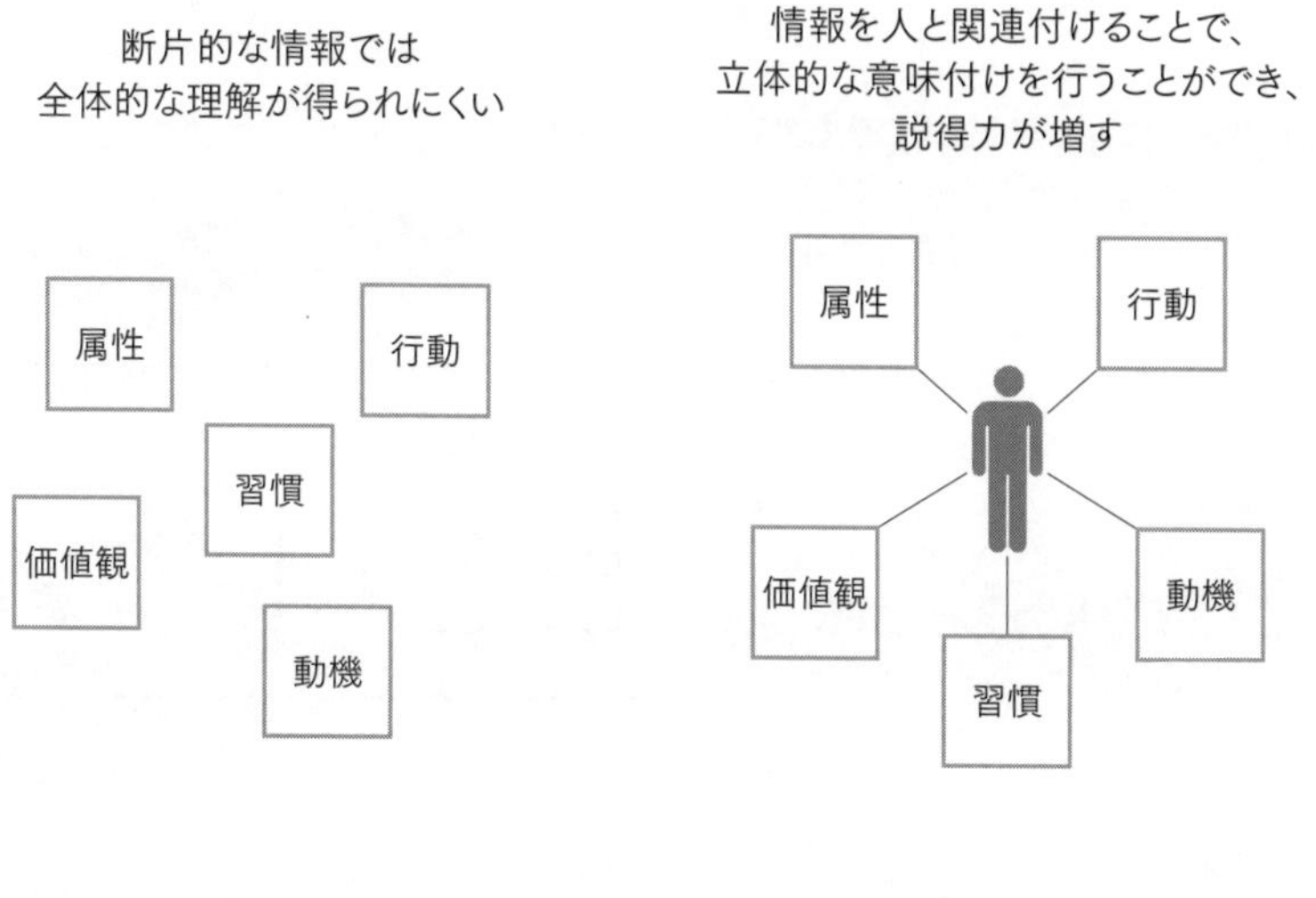
断片的な情報では
全体的な理解が得られにくい
属性
行動
習慣
価値観
動機
情報を人と関連付けることで、
立体的な意味付けを行うことができ、
説得力が増す
属性
行動
価値観
動機
習慣

写真をプリントアウトしたりと、見聞きしたことを物理的な情報に落とし込むことだ。オフィスや会議室に情報を物理化して貼りだすことで、新たな発見と気付きが誘発される。

情報を物理化する理由は、情報間の結合を促進するためである。第1章で述べたように、機会発見プロセスでは、情報を分類・細分化する分析（アナリシス）だけでなく、分類・細分化した情報同士を結合・統合（シンセシス）し、AでもBでもないCという新たな概念を創造することが求められる。そのため、情報を結合しやすい状態にしておくことが重要だ。

情報の物理化は、結合を促進する2つの効果がある。1つは、情報の物理化によって可視化されることで、一度に目に入る情報が増え、結合の選択肢が多くなり、より豊かな発想のきっかけになること。もう1つは、特にポスト・イット使用時に顕著だが、情報を物理化して位置や順番を容易に変更できるようにすることで、新しい組合せが誘発されることだ。こうした利点を活かすために、スケッチや写真のビジュアル情報も、貼ってはがせるドラフティングテープなどを使うとよいだろう。

物理化による結合促進の例を紹介しよう（図45）。ある対象者の観察から得られた事象として、自分の健康データを事細かに計測しているということがポスト・イットに書かれていたとする。一方、別の対象者の情

図45 ▶ 物理化による結合促進の例【健康データの蓄積】

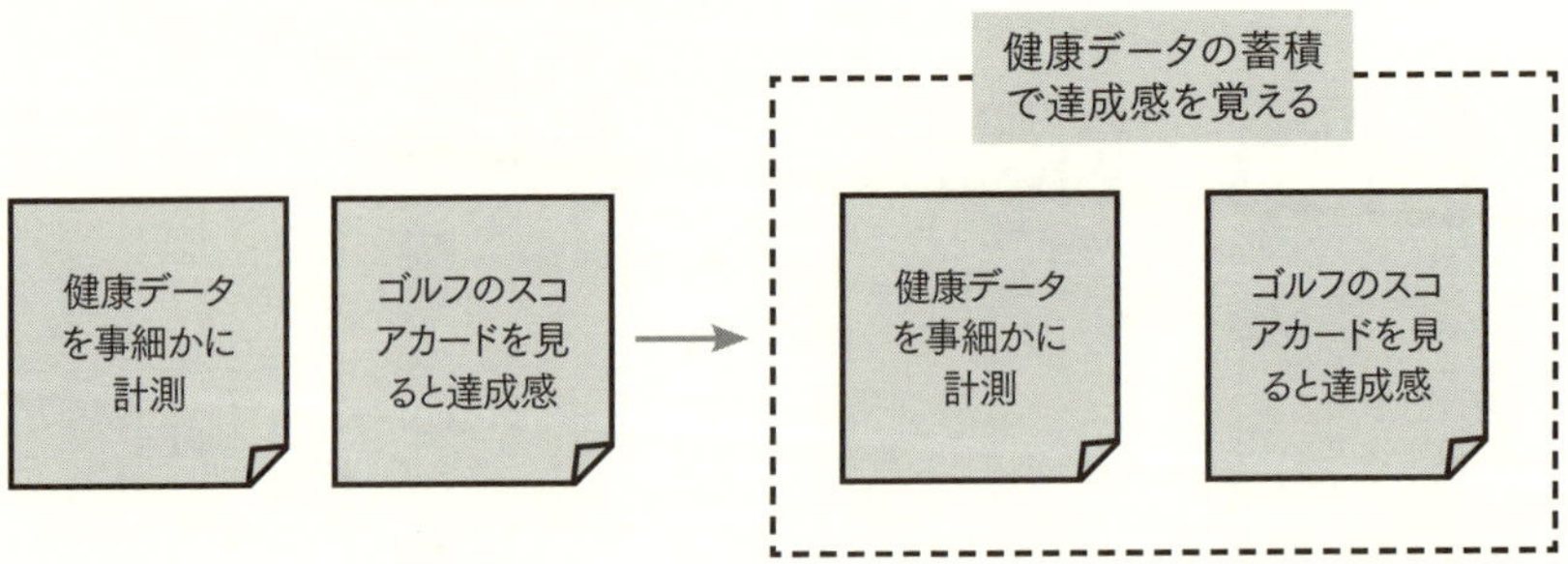

報として、趣味のゴルフのスコアカードの束を見ると（蓄積されていると）達成感を覚えると言っていたことがポスト・イットに書かれていた。この2つのポスト・イットを近くに並べることで、もしかすると健康データの蓄積も達成感の醸成につながるかもしれないという気付きに結びつく。このようにポスト・イットなどを使って情報を物理化することで、別々の情報源から得られた事象が結合し、新しい意味や価値が導出されるのである。

2　ダウンロード

▼ライブスタイルでフィールドワークを共有する

機会発見プロセスでは、デプスインタビューやエスノグラフィ調査の結果をワークショップ形式で情報共有し、機会につながる発見をチームで導出する。このワークショップを「ダウンロード」と呼ぶ。

ダウンロードとはアプリのダウンロードなどで知られているコンピュータ用語だが、もともとは積み荷（ロード）を下ろす（ダウン）という意味があり、それが転じて情報をドサッと下ろすというニュアンスから、多様で情報量の多い定性的なデータを共有する際に用いられるようになった。

ダウンロードの最大の特徴は、情報をライブスタイルで伝達することだ。典型的には、発表者が前に立ち、フィールドワークの訪問先の写真やビデオをプロジェクタで映しながら、対象者の人となりや特徴的な動機や価値観について説明する。定量調査の報告のような客観性を重視したスタイルとは異なり、観察者が対象者とどう向き合って、どのようなことを感じたかを、主観的に熱意を持って伝えていく。

発表者はスクリーンに写真やビデオを映しながら、デプスインタビューやエスノグラフィ調査の後に作成したインタビューノートやフィールドノートを参考に発表を行う。必要に応じて聞き手にもインタビューノートやフィールドノートを配布するとよいだろう。

発表者は1人に限らず、その場に同行したメンバー全員が登壇し、お互い補足しながら発表を行うとよい。同じフィールドでも、同行者によって違うものに注目している場合があるため、この機会に多様な視点を共有しておくことが、その後の幅広い気付きにつながる。

1件あたりのダウンロード時間は、30分から時間に余裕があるときは1時間程度が目安だ。10件のエスノグラフィ調査を1件30分間かけてダウンロードすると、合計5時間になる。だがダウンロードは、エスノグラフィ調査やデプスインタビューに同席できなかったメンバーにとって貴重な情報共有の場だ。報告書を読むだけでは伝わらない対象者のリアルな姿の伝達は、ダウンロードならではであり、それだけの時間をかけて行う意義は十分にある。

▼対象者を1人の人間として伝える

前述のように、少ないサンプル数から説得力のある発見をするためには、定性調査で収集した事象と、その背景にある対象者の人となりを結びつけることが不可欠だ。ダウンロードにおいても、対象者を1人の生身の人間として立体的に伝えることを重視する。

対象者を全人格的に伝えるためには、まず対象者のこれまでの人生の歩み、行動とその背景にある動機や価値観に丁寧に触れる必要がある。人となりが十分に伝わると、その後に展開されるテーマ関連の製品の使用実態を人間性と結びつけて理解できる。

ダウンロードを聞いていると、1人の人間の中にいろんな矛盾が隠れていることに気づくだろう。例えば、健康に気をつけたいと思っているのに、それに反する食生活をしていたり、厳格と思いきや、適当な側面があったりする。だが、その矛盾を1人の人間が内包していることもまた事実だ。矛盾があることを前提に理解しようとすると、なぜその人の中で矛盾が共存しているかが理解できるようになり、対象者への深い共感が芽生えてくる。

アンケート調査やグループインタビューではなかなか発見できない「対象者が抱える矛盾」と出合った時は、その人を深く理解し、共感する絶好のチャンスだと思って、探索してみよう。

▼写真や動画を活用する

写真や動画などのビジュアル情報による情報共有は、対象者について理解を進める上で重要だ。同じ内容を聞いていても、ビジュアル情報があるかないかで内容の伝わり方は大きく異なる。

例えば、対象者の住まいが郊外の住宅地であったと言葉で伝えるよりも、街の様子の写真を見せることで、開発からどれくらい時間が経った住宅地なのか、住居の入れ替わりはどれくらい進んでいるか、などといった具体的なイメージを共有することができる。こうしたビジュアル情報があってはじめて、フィールドワークに同席できなかったプロジェクトメンバーも、あたかもその場に居合わせたようなリアリティを感じることできるのである。

ダウンロードの際に全ての写真を投影する必要はない。数が多すぎて1枚あたりの説明時間が少なくなると、かえって理解が進まなくなってしまう。ダウンロードを30分間行うとしたら、写真の点数は20～30点程度が適切だろう。

同様にビデオも長時間流す必要はない。重要な箇所を5分だけ流すとか、全体を3分程度に編集したダイジェストなどを用意するとよいだろう。ダイジェスト編集は、ダウンロードワークショップに来られなかった意思決定者やステークホルダーに見せる際（第8章）にも効果的だ。

▼質問と対話による理解の深掘り

ダウンロードでは、対象者への理解が深まるように、発表者も聞き手も一緒になって積極的に質問・対話することが大切だ。例えば、一見矛盾を感じることも、実際にフィールドワークを行った人からすると、矛盾が両立する理由を認識済みだったりする。このような背景情報も含めて、参加者全体で共有することが重要だ。

また、聞き手からの質問によって、発表者が新たな気付きを得ることもある。定性調査に参加した発表者でさえ気づかなかったポイントを、聞き手がスライドに映し出されている家の中の写真から発見することもしばしばだ。

ここまで説明したダウンロードのステップを図解したのが図46だ。

図46 ▶ ダウンロードのステップ

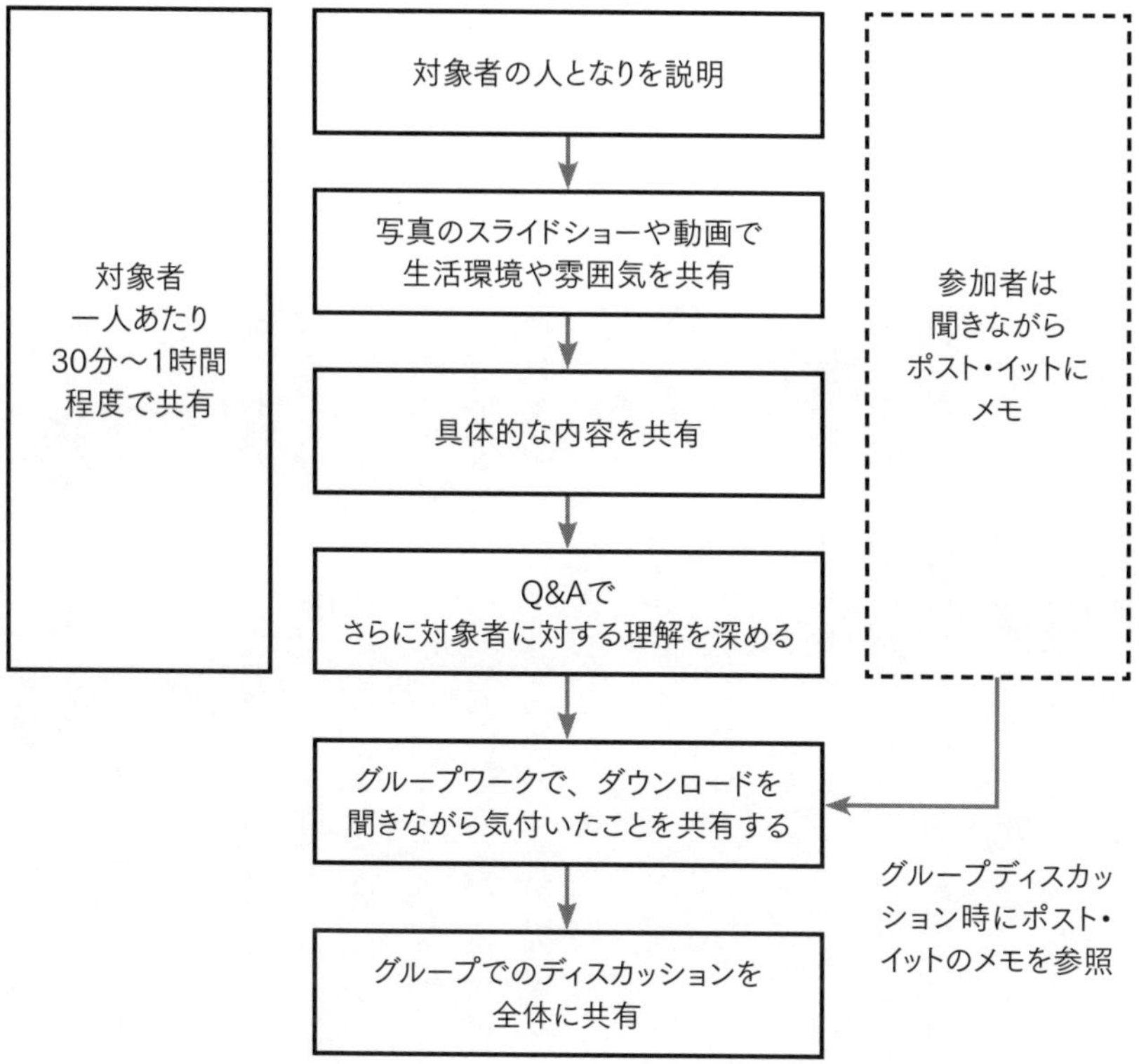

3　グループ型ツールの活用

情報共有においては、情報を物理化し、新たな発見や結合を誘発することが重要だ。その際に便利なのが、ポスト・イットなどのグループ型ツールだ。既存の文房具の多くは、ペンやノートなど、どちらかと言えばパーソナル使用を前提としたものが多い。一方、ポスト・イットやイーゼルパッド、ボードなど、この後紹介するツールは、グループ使用を前提としたものだ。

これらのグループ型ツールを活用することで、複数の参加者が一様に情報に触れることができる。多様な視点でそれらの情報を見ることにより、情報と情報が結びつき、機会につながる新しい発見が得られるだろう。

▼ポスト・イット

機会発見プロセスでは、特に「情報の共有と整理」のステップ以降、ポスト・イットを多用する。ポスト・イットは貼ってはがせるため、並び替えやグループ分けがしやすく、また書くスペースが限られているため情報が適度な量に要約される点でも有効だ。いわば情報の小分けと結合が1つでできる、機会発見プロセスにはうってつけのツールである。

ポスト・イットはビジネスパーソンにとっておなじみだが、使い方を工夫するとさらに強力なツールとなる。良い例と悪い例を図示しながら（図47）、ポスト・イットの活用法を紹介しよう。

例えば、ある対象者の行動として、料理教室を開くほどの料理好きだが、一方でゲームをしたりアニメを見るのが趣味で、自宅ではそちらに時間を割きたいため、圧力鍋やミキサーなどの時短調理器具をフル活用している、といったことが観察されたとする。

この場合、全ての特徴を1つのポスト・イットに書くと長過ぎてしまい、使い勝手が悪い。こうしたケースでは、「料理教室を開くほどの料理好き」「趣味のゲームやアニメに時間を割きたい」「圧力鍋：時短目的」「ミキサー：時短目的」といった要素に小分けして、それぞれ別のポスト・イットに書くといいだろう。この程度の小分け度合いであれば、個別のポスト・イットを見ても意味がわかるし、後で他の要素と結合する際にも、個別事例すぎず、適度に一般性があって結合しやすい要素となる。これが、「料理」「アニメ」「圧力鍋」だけだと単体で意味をつかみにくくなってしまい、要素間の結合から新しい意味を生み出しにくくなる。

ポスト・イットを利用する際は、1つのポスト・イットに複数の要素を書かないよう注意しよう。複数の要素を書いてしまうと、自由な並び替えと結合が可能になる

図47 ▶ 良いポスト・イットと悪いポスト・イットの例【料理】

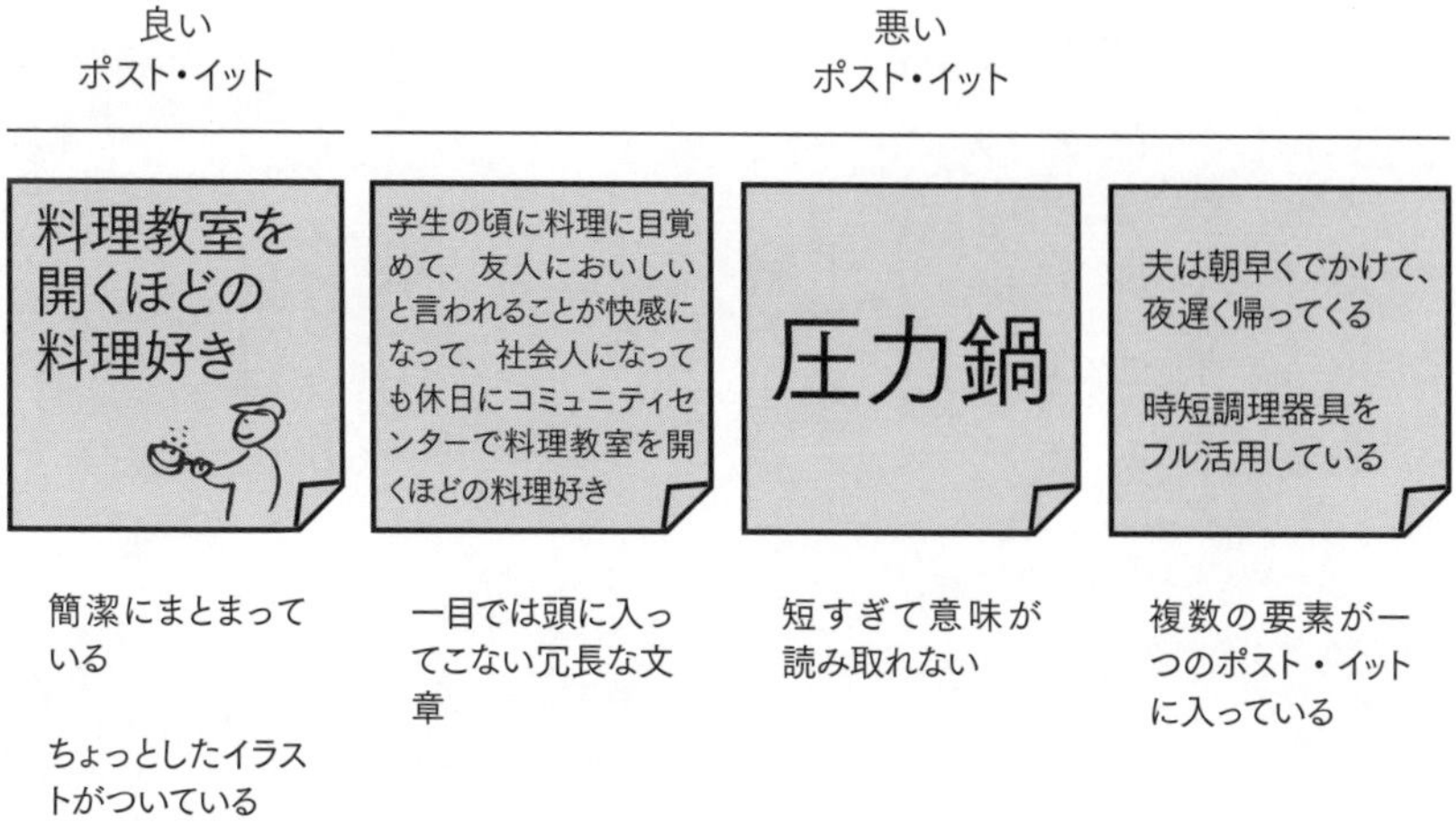
良い
ポスト・イット
悪い
ポスト・イット
料理教室を開くほどの料理好き
学生の頃に料理に目覚めて、友人においしいと言われることが快感になって、社会人になっても休日にコミュニティセンターで料理教室を開くほどの料理好き
圧力鍋
夫は朝早くでかけて、夜遅く帰ってくる
時短調理器具をフル活用している
簡潔にまとまっている
ちょっとしたイラストがついている
一目では頭に入ってこない冗長な文章
短すぎて意味が読み取れない
複数の要素が一つのポスト・イットに入っている

というポスト・イットの利点を活かせない。また、自分以外の人でも認識できるよう太字のペンではっきりと簡潔に書くこと。そうすることで情報の要約効果が高まるとともに情報そのものの視認性が上がるので、新しい結合を生み出しやすくなる。

情報の視認性を高めるという意味では、文章とともにちょっとした図やイラストを添えると、その1枚のポスト・イットで伝えようとしていることが一目でわかるようになる。メンバーの目に入りやすくなることで新しい発見のもととなる、要素と要素の結合が生まれやすくなるだろう。

▼写真プリント

情報共有のプロセスでは、写真をプリントアウトして物理化することもおすすめだ。パソコンの画面はその名の通り、パーソナルな用途を前提にデザインされたもので、チームで眺めるには向いていない。

例えばダウンロードワークショップのために選定した20〜30枚の写真をA5〜A6サイズの大きさに出力して、フィールドワーク後のデブリーフィングの際に作成したポスト・イットとともに貼りだしておく。文字情報だけでなく写真が加わることで、対象者や周辺環境などのより豊かで正確な情報を伝えられる。また、文字よりも写真などのビジュアル情報のほうが直感的に内容を把握できるため、理解のスピードが速く、短時間でより多くの情報と情報の結合を促すことが可能になる。

写真を貼りだす時は、ドラフティングテープなどの貼ってはがせるタイプのテープで留めておけば、ポスト・イットと同じように移動や並び替えが簡単なのでおすすめだ。

▼イーゼルパッド／ボード

ポスト・イットや写真を貼りだす時、模造紙を使ってもよいが、イーゼルパッドや畳サイズの大きなボードを使うと便利だ。

イーゼルパッドはポスト・イットの模造紙版のようなものだ。これがあると、持ち運びと並び替えが容易になる。イーゼルパッドと同じく便利なのが、畳サイズの段ボールやスチレン製のボードだ。30センチ単位などで商品展開されているが、スペースに余裕があれば、１８０センチ×90センチの畳サイズのものだと多くの情報を掲出できるのでおすすめだ。

▼プロジェクトルーム

イーゼルパッドやボードを使い出すと、収納スペースが必要になってくる。パソコンを使って1人で情報整理するのとは異なり、機会発見プロセスでは、物理化・可視化した情報をチームで眺めるため、物理的な空間を確保しなければならない。

小さめの会議室をプロジェクトルームとして確保し、イーゼルパッドやボードを持ち込み、その部屋の中にひたすら情報を蓄積し、それ以降の機会フレーミングもその場で行うのが理想的だ。同じ空間の中で情報を物理的に展開すると、多くの情報を目にすることができ、新しい結合が生まれる機会も格段に増えるだろう。

プロジェクトルームの確保が難しい場合は、会議室にイーゼルパッドやボードを持ち込んで、終わったら撤収するようにしよう。

4 情報整理のフレームワーク

定性調査や情報共有を実施すると、対象テーマや対象者に関する膨大な情報が机上に載る。それらの要素を上手に整理することで、プロジェクトメンバー間の理解が進み、これまでのプロセスで得たインプットを有効活用できる。

本書では情報整理のフレームワークとして特におすすめしたい、「事実＋発見＋アイデア」と「ＡＥＩＯＵ」を紹介する。

▼事実＋発見＋アイデア

ポスト・イットに情報を書き出していく際は、それが事実なのか、発見なのか、アイデアなのかがわかるよう、明確に分けることが大切だ。事実はデプスインタビューやフィールドワークで見聞きしたこと、発見は事実から推察される解釈や気付き、アイデアは事実や発見をもとにした具体案を指す。

事実は発見やアイデアの根拠となるものだ。事実と発見が混同してしまうことがあるため、この2つは情報収集段階で明確に分けておこう。新しい機会を提案する上で、発見を根拠にすると、それは思いつきではないかと指摘されかねない。その背景にある事実をしっかりおさえておくことが必要だ。アイデアは情報整理の過程で思いつくことも多いので、事実や発見と混ざらないよう注意する（情報整理のプロセスで出てきたアイデアは、機会発見プロセス後の、具体的な製品・サービス開発にも活用できる）。

例えば、「自分で千切りにしたごぼうが冷凍庫に保存されていた」は事実、そこから「時間がないときは加工して冷凍された食材が便利なのでは？」が発見、であるならば「加工済みの冷凍食材があってもよいのではないか」がアイデアだ。

情報整理の段階では、事実と発見を意識的に多く出しておくとよいだろう。アイデアは思いついたものがあれば、という程度でよい。事実に関しては、主観的に気になったものをできるだけ漏れなく記述し、記述する段階で発見があればその内容も記載しよう。

注意したいのは、必ずしも前述の冷凍食材のように、事実、発見、アイデアが1つにつながっているわけではないということだ。むしろ、複数の事実から1つの発見、そして複数の発見から1つのアイデアといったように、ピラミッド状になっていることも多い。

またポスト・イットで整理するときは、それぞれを区別するためにポスト・イットの色を変えておくとよい。図48のように、事実は黄色、発見は青、アイデアは赤といった具合だ。

例えば、小雨のなか混雑する道で傘をささずに歩くビジネス

図48 ▶ 事実＋発見＋アイデアの例【雨の中のビジネスマン】

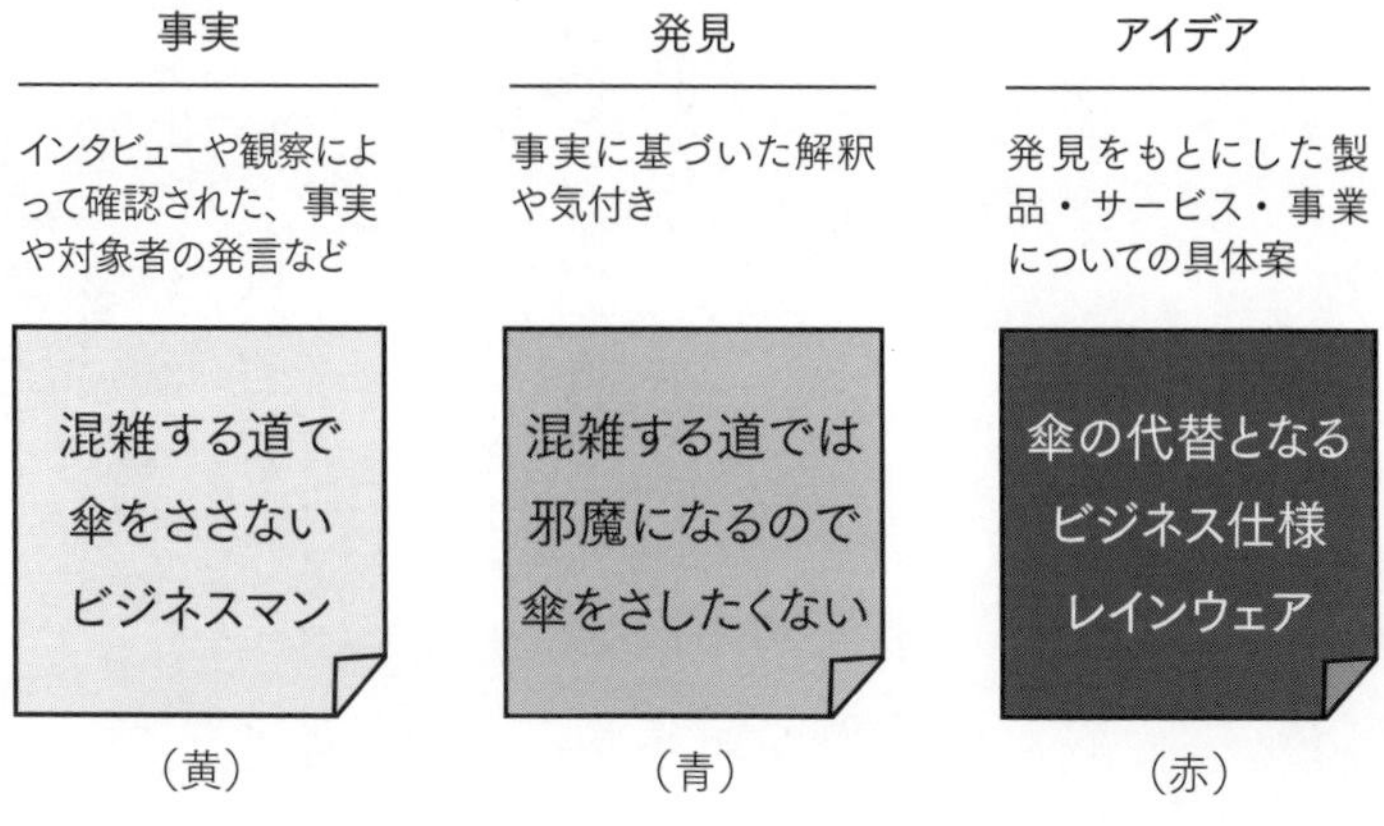
事実
インタビューや観察によって確認された、事実や対象者の発言など
混雑する道で傘をささないビジネスマン
（黄）
発見
事実に基づいた解釈や気付き
混雑する道では邪魔になるので傘をさしたくない
（青）
アイデア
発見をもとにした製品・サービス・事業についての具体案
傘の代替となるビジネス仕様レインウェア
（赤）

マンを観察したとしよう。この場合、「混雑する道で傘をささないビジネスマン」は事実なので黄色のポスト・イットを使う。この観察から気づく「混雑する道では邪魔になるので傘をさしたくない」のではないかといった、「○○ではないか?」という推察の要素は発見なので、青色のポスト・イットを使う。最後に、その事実と発見から、「傘の代替となるビジネス仕様レインウエア」を思いついたとすると、これはアイデアなので赤のポスト・イットを使うといった具合だ。

▼AEIOU

AEIOUは、第5章で既に紹介したが、情報整理段階でも事実や発見を網羅的に列挙できる有効なツールだ。定性調査から得た情報を次のようにAEIOUで分類することによって、情報整理だけでなく、要素と要素の結合を促すことができる。

Activities（行動、行為）

- 対象者が行っている特徴的な行動や行為
- 行動や行為のプロセス・ステップ
- 日常的にパターン化された行動、行為
- 一時的な行動、行為

Environments（空間、周辺環境）

- 対象者の住居周辺の様子から得られる示唆

- 間取りなどの住居内の様子から得られる示唆
- 空間や周辺環境が対象者に与えている影響

Interactions（関係性、相互作用）

- 対象者と家族や友人とのつながりや関係性から得られる示唆
- 対象者と周囲の人々とのつながりや関係性から得られる示唆
- 対象者と周辺のモノや環境との関係性

Objects（モノ）

- 対象者の生活環境の中にある興味深いモノ
- 生活環境の中にあるモノから推察される対象者の人となり
- 生活環境の中にあるモノから示唆される動機や価値観
- モノの存在が対象者に与えている影響

Users（人）

- 対象者の生い立ちから推察される動機や価値観
- 対象者が大切にしていること、譲れないこと
- 対象者のありたい姿、理想像
- 対象者以外に関係している人
- それぞれの人の役割

図49は、シニアの写真整理を例にしたＡＥＩＯＵのサンプルだ。ＡＥＩＯＵのフレームワークを使う際も、前述したイーゼルパッドやボードがあると事実や発見を貼りだすときに便利なのでぜひ使ってみてほしい。

図49 ▶ AEIOUの例【シニアの写真整理】

Activity（行動・行為）

- 写真の整理は月に1回、まとめて行っている
- 今でも時々、古い写真アルバムを見返すことがある

Environment（空間・周辺環境）

- リビングに置いてあるPCで写真を整理する
- 古い写真アルバムが収納スペースを占拠してしまっている

Interaction（関係性・相互作用）

- サークル仲間に写真を配ると喜んでもらえるのでうれしい
- 離れたところに住む子供が帰ってくると、時々アルバムを見ながら昔話が盛り上がる

Object（モノ）

- デジタルカメラで使った過去のメモリーカードが溜まって保存場所に困っている
- 写真アルバムにはラベルがついていないので、中を見ないといつの写真かわからない

Users（人）

- 写真を撮るのも整理するのも、もっぱら夫の役割
- 夫はカメラは好きだが整理は苦手

第7章 機会フレーミング

1 機会フレーミングとは？

「課題リフレーミング」「定性調査」「情報の共有と整理」を経て、いよいよ膨大な定性情報に仮説的な枠組みを当てはめていき、機会を導出する「機会フレーミング」を行う。まずは機会フレーミングの特徴とプロセスを見ていこう。

▼機会フレームとは何か？

新しい機会を枠組み（フレーム）で理解する

第3章でもフレーム、フレーミングという言葉を使ったが、フレームとは「枠組み」、フレーミングとは「枠組みを当てはめる」という意味だ。

カメラマンの世界でも、フレームの中に被写体をどう切り取るかをフレーミングと呼んでいる。例えば、何かの風景を背に人が立っているとして、広角レンズを使って風景を大きく取り込んだフレーミングで撮影することもできれば、望遠レンズを使って人物だけを画面に収めるフレーミングも可能だ。

機会発見においては、定性調査で得た定性情報をこれまでとは異なる着眼点・見方で切り取ることで、新しい市場が生まれる領域を探索していく。

例えば化粧品が対象市場だとすると、従来の女性向け化粧品に加えて、男性向け化粧品という新しい枠組みを想定することもフレーミングの1つだ。女性にしか焦点を当てていなかった化粧品市場に対して、男性向け商品も含めたフレーミングで市場を捉えてみると、新しい機会が浮かびあがってくる。

これまでデプスインタビューやエスノグラフィ調査を通じて定性情報を集めてきたが、これらはそのままでは拡散的で無秩序な情報群に過ぎない。フレーミングは、こうした混沌とした情報を点と点で結び、新しい枠組みを与えていく作業である。

前述の化粧品の例で言えば、定性調査を続ける中で、男性が女性向けの化粧品を日常的に使っていたり、男性がデパートの美容部員に相談していたりする事象がいくつか見られたとする（図50）。これを特殊なケースとして

図50 ▶ 化粧品市場のフレーミング

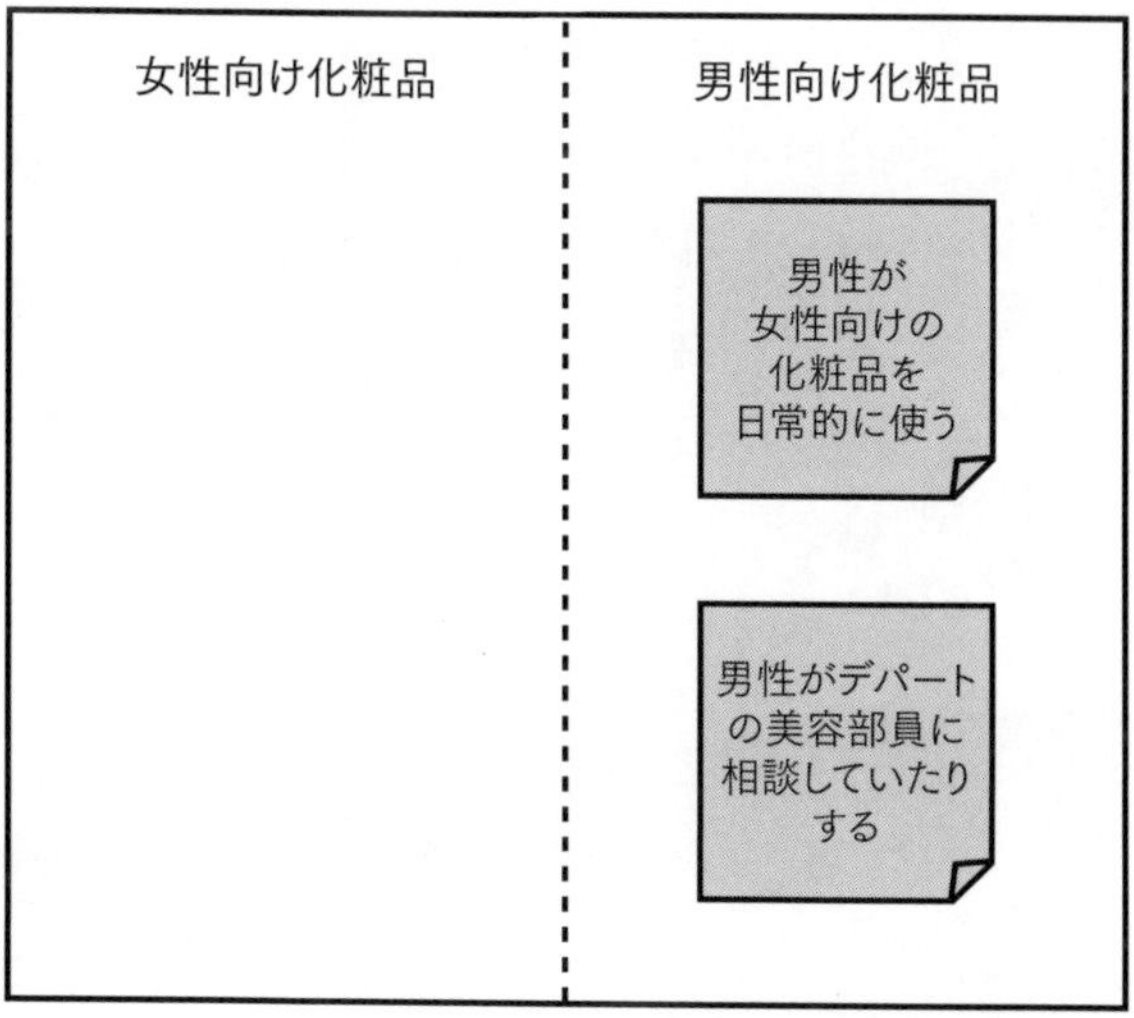

無視するのではなく、もしかすると男性向けの化粧品という捉え方もできるのではないかと考え、化粧品市場を女性向けと男性向けにフレーミングすることによって、新しい機会の領域が明らかになる。

汎用性のあるフレームをつくる

機会フレーミングにおいてまず重要なのは、新しい機会の領域を導き出す上で妥当だと思えるフレームをつくることだ。先述のとおり、定性調査などで収集した情報は、そのままでは拡散的かつ無秩序な状態なので、それらが果たして機会発見につながるかどうかを判断するのは難しい。そのため、拡散的だが未来の兆しを示唆する定性情報に新しい枠組みを与える「汎用性をもったフレーム」を作成することが重要になる。

汎用性のあるフレームのつくり方について、手帳やアプリなどでのスケジュール管理を例に考えてみよう。

定性調査によって、図51にあるように「その日あったことを書き留めて、後で思い出として読み返す」「スケジュールは15分単位で管理」「記入スピード重視で手帳を利用」「イラストを描いて気持ちを高める」という4つの事実がリストアップされたとする。これらは機会発見につながるかもしれない情報ではあるが、このままでは無秩序な事象でしかない。

そこで、まずは事実同士の関係性に注目する。例えば、「記入スピード重視で手帳を利用」と「スケジュールは15分単位で管理」が似たもの同士のグループとして整理できるかもしれない。同時に、「その日あったことを書き留めて、後で思い出として読み返す」と「イラストを描いて

図51 ▶ 定性情報からフレームの軸をつくる①

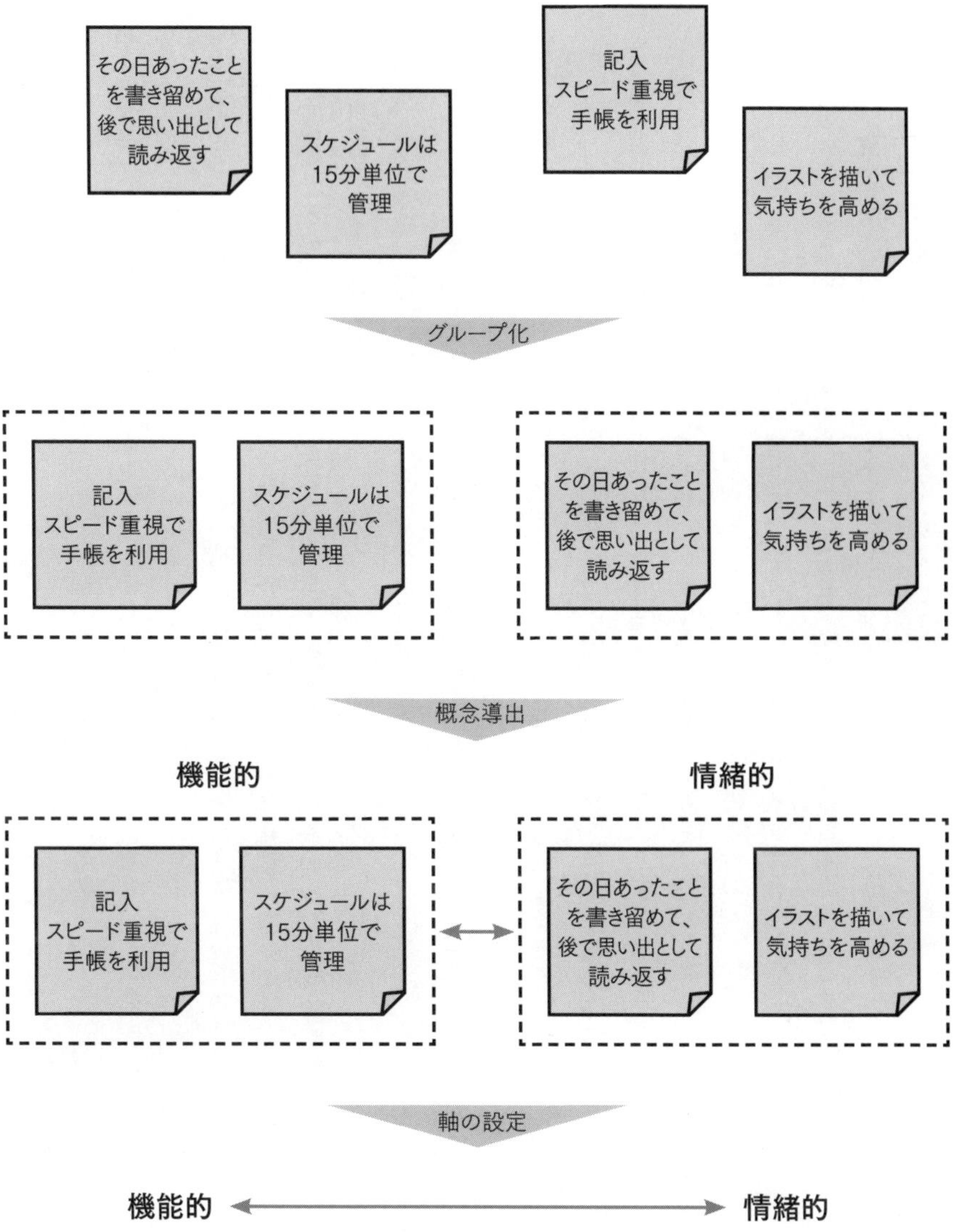

気持ちを高める」もグループ化できそうだ。

次に、これらのグループの共通概念を導出する。前者の組み合わせは、スケジュール管理に対する機能的な期待、後者は情緒的な期待だと考え、それぞれのグループに対して、機能的、情緒的というタイトル（表題）をつける。

さらに2つのタイトルの関係性を見ていくと、機能と情緒という抽象概念は対極的なものだと考えることができ、この結果、スケジュール管理における顧客の期待価値のフレームとして、「機能」VS「情緒」という軸を設定することができる（期待価値以外にも、行為や状態、時間軸、場所などあらゆる概念がフレームの軸となりうる）。

グループ化、概念導出、軸の設定を具体的にどう検討していくかについては後述するが、こうした定性情報からの仮説導出を繰り返すことで、汎用性のあるフレームをつくることができる。

統合的に概念をつくる

機会フレーミングのプロセスで不可欠なのが、第1章でも述べた統合的な情報操作である。「分析」がAとBに分けて整理したものを比較し選択することだとすると、「統合」はAとBに分けた後、両者を統合することでAでもBでもないCを生み出すものである。

前述のスケジュール管理の例で説明すると、「その日あったことを書き留めて、後で思い出として読み返す」を「記録」、「イラストを描いて気持ちを高める」を「イラスト」と整理するだけでは、単なる分類でしかない。この場合、「思い出として読み返す」「気持ちを高める」といった要素を統合的に解釈し、「記録」でも「イラスト」でもないスケジュール管理に対する「情緒的期待という抽象レベルの高い概念を導出している。

概念導出のポイントは、事象を表面的に解釈するのではなく、その事象の背景にある動機や価値観から共通項を探り、キーワードで結びつけることだ。例えば、「その日あったことを書き留めて、後で思い出として読み返す」と「イラストを描いて気持ちを高める」の例で言えば、表面的な解釈としては、「記録」や「イラスト」となるが、一歩背景を探ることで、「思い出として読み返す」や「気持ちを高める」という事象から、感情に関わる動機があるのではないかと考えることができ、「情緒」というキーワードで結びつけるといった具合だ。

ここではわかりやすくするために簡略化して説明しているが、実際のフレームの検討はもう少し要素の数が多くなる。例えば、10件のエスノグラフィ調査から得られた、事実、発見のポスト・イットをボードに貼りだすと、1件あたり、事実のポスト・イットが80個、発見のポスト・イットが15個出たとして、発見のポスト・イットだけで150個になる。フレーミングの概念導出のためには、まずこの発見のポスト・イットを、後述のグループ化の手法を使いながら統合的に情報操作することから始める。

グループ化によって150個の発見から30個程度の抽象概念に整理したら、次に、概念同士の関係性に目を向ける。再びグループ化によって4～5つ程度の大きなグループに整理できたり、あるいは2組ずつの対立軸を設定して、後述する四象限マップやプロセスマップ、システムマップをつくることもできるだろう。

大切なのは、定性情報とフレームを行ったり来たりして、試行錯誤しながらフレームの精度を上げていくことだ。前述の例で言えば、4～5つのグループをつくったとして、その時点で新しい機会に対する示唆が弱ければ、もう一度30個の抽象概念や、場合によっては150個の発見のポスト・イットに立ち戻って、見逃した要素はないか、もしあればそれらを加えて新しい概念を生み出せないかと再検討することも必要だ。

新旧の対比で理解する

定性調査から得た事実や発見の中には、既存市場に通じるものもあれば、既存市場の常識では説明がつかないものまで散見されるはずだ。機会フレーミングでは、この既知の領域外にある要素を、新しい機会を示唆するものとして、既存の要素との対比で理解しようとする。新しい機会の可能性を既存市場との関係性で示すことで、変化の方向性がはっきりし、既存市場の常識が何で、新しいビジネス機会における常識は何かということを捉えることができる。

スケジュール管理の例で紹介した「機能」VS「情緒」の軸で言えば、「スケジュールは15分単位で管理」といった機能的な価値はどちらかと言えば以前から存在する期待価値を満たすものだと言える。それに対して、「イラストを描いて気持ちを高める」といった情緒的な価値は新しい期待価値だと捉えるができるだろう。この気付きを通じて、スケジュール管理において、機能的な期待という従来の軸だけではなく、情緒的な期待という、これまでの常識とは異なる枠外の軸もあるかもしれないという示唆が得られる。以前は「機能」だったが、これからは「情緒」だ、といった新旧の対比を構造化することで、捉えるべき機会が明確になるのである。

▼機会フレーミングのプロセス

機会フレーミングの大まかな流れは次のようなものだ。まず、定性調査から得た定性情報をもとに仮説的なフレームをつくり、定性情報との照合を通じてその完成度を上げる。ある程度、汎用度が高いフレームができたら、フレームの中のどの領域に機会があるかを見定める。最後に機会を明文化することで、第8章の「機会コミュニケーション」や、機会をもとにした製品・サービス・事業開発に活用する（図52）。

引き続き、スケジュール管理を例にしながら、機会フレーミングの基本ツールの1つである四象限マップを使って、機会フレーミングのプロセスについて説明しよう。

① 機会フレームを検討する

はじめに、定性調査から得た事実や発見を統合的に操作することで、四象限マップの縦軸と横軸を検討する。

図52 ▶ 機会フレーミングのプロセス

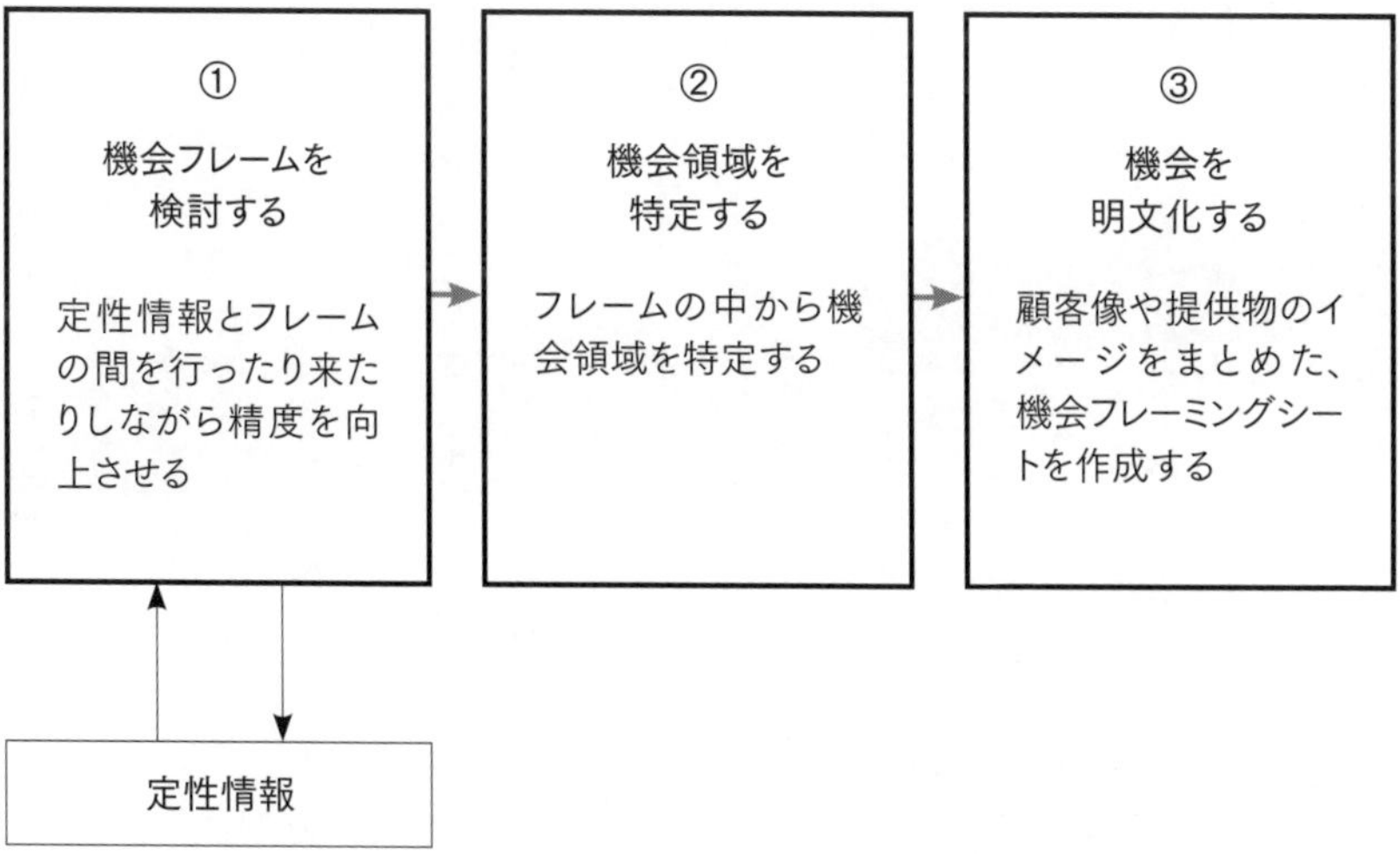

図51のように、「機能的」VS「情緒的」という軸は既にある。次に「個人」VS「組織」を想定してみる。これは図53にある、「チャットでチームメンバーの予定を管理」「クラウドでチームメンバーとスケジュール共有」という定性情報に注目した結果だ。つまり、スケジュール管理の世界は、アプリやクラウドサービスの普及に従って、従来の紙の手帳による個人使用から、チームでの管理・共有にシフトしているのではないかという仮説に基づいている。この2つの軸を使って二軸四象限のマップを作成すると、図54（187頁・上）のようになる。

次に、他の定性情報をフレームに当てはめて、フレームの精度を高めていく。すると、「自分の目標を共有して友達から励ましコメントをもらう」や「家族でスケジュールを共有」といった事象から、横軸の右側の定義は、「組織」に限定されず「友達」や「家族」といった単位にもなりうることに気が付く。その結果、軸の定義を「組織」から「共有」にすると、より汎用性の高いフレームになるのではないか、といった具合に検討を重ねることができる。図55（187頁・下）は、フレームの横軸の定義を変更した四象限マップだ。

このように機会フレーミングでは、フレームの作成、定性情報の適用、軸の検討を繰り返しながらフレームの精度を高めていく。

②フレームの中から機会領域を特定する

汎用性の高いフレームができたら、次に、そのフレームの中で新しい機会の領域を特定する。新規性の高い機会かどうかは、フレームの各領域に既存のビジネスを当てはめながら検証していく。

ある領域は既存の製品やサービスが当てはまるのに対して、別の領域はまだ製品やサービスの

図53 ▶ 定性情報からフレームの軸をつくる②

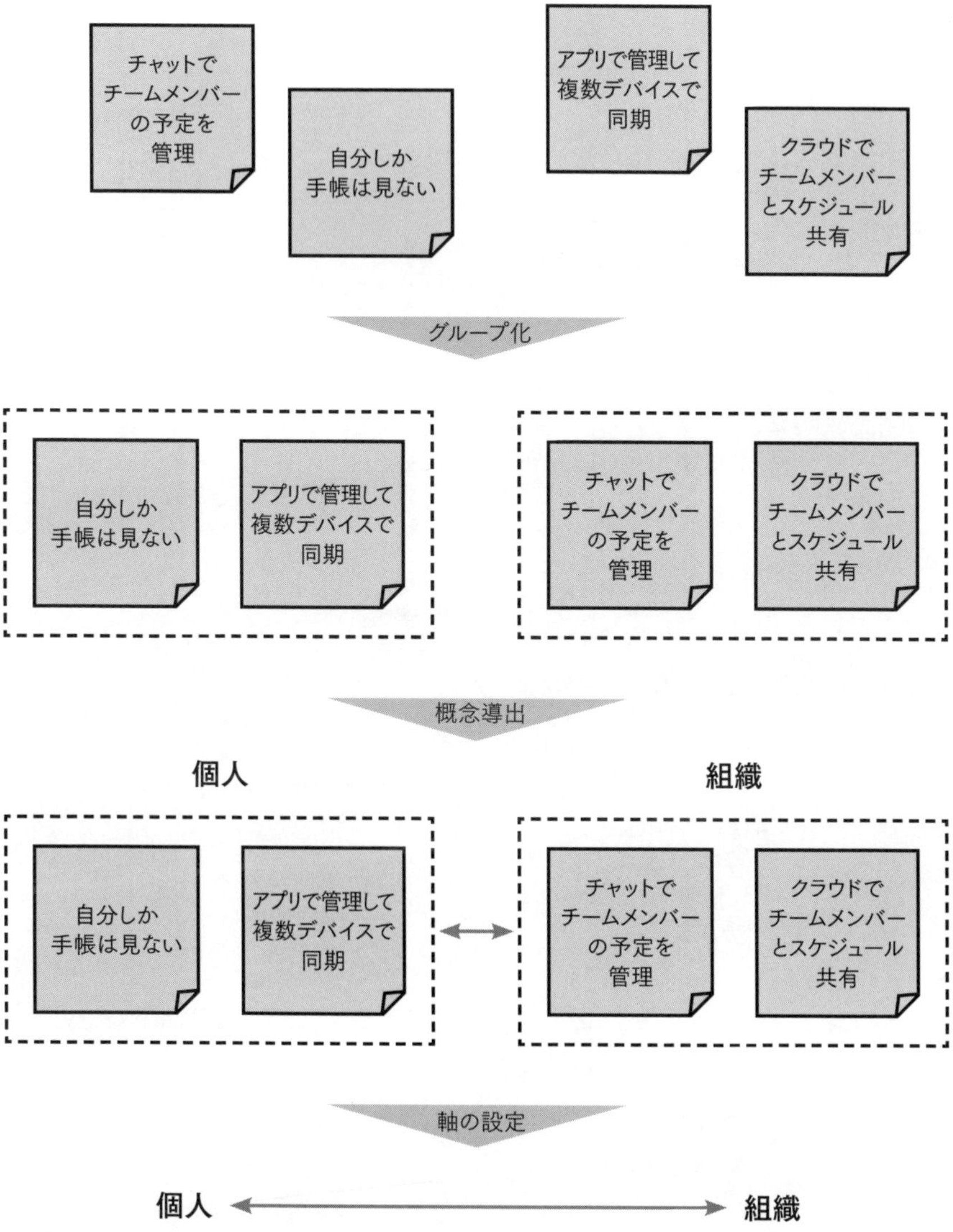

投入が見られない場合、新規性が高い領域だと判断することができる。一方、どの領域にも既存のビジネスが当てはまる場合は、フレームに新規性が見られないということになるので、フレームの再検討が必要になる。

このステップを四象限マップで説明すると、図56のようになる。四象限マップのうち、「個人・機能的」の象限は既存の手帳やスケジュールアプリが担っている領域だと言える。変化の方向性が、個人から共有へシフトするに従って、「共有・機能的」の領域にクラウドでカレンダー共有するというような事例も生じている。一方、「個人・情緒的」の領域は比較的新規性が高く、ここには、スケジュール記入欄にアイコン風の小さなシールを貼ることで気持ちを盛り上げるといった事例が当てはまる。それに対して、「共有・情緒的」の象限には、まだ明確な製品やサービスが存在せず、新規性の高い領域だと言えそうだ。

変化の兆しに注目しても、「共有・情緒的」の象限には可能性がありそうだ。「個人」から「共有」

図56 ▶ 四象限マップ：機会領域の特定

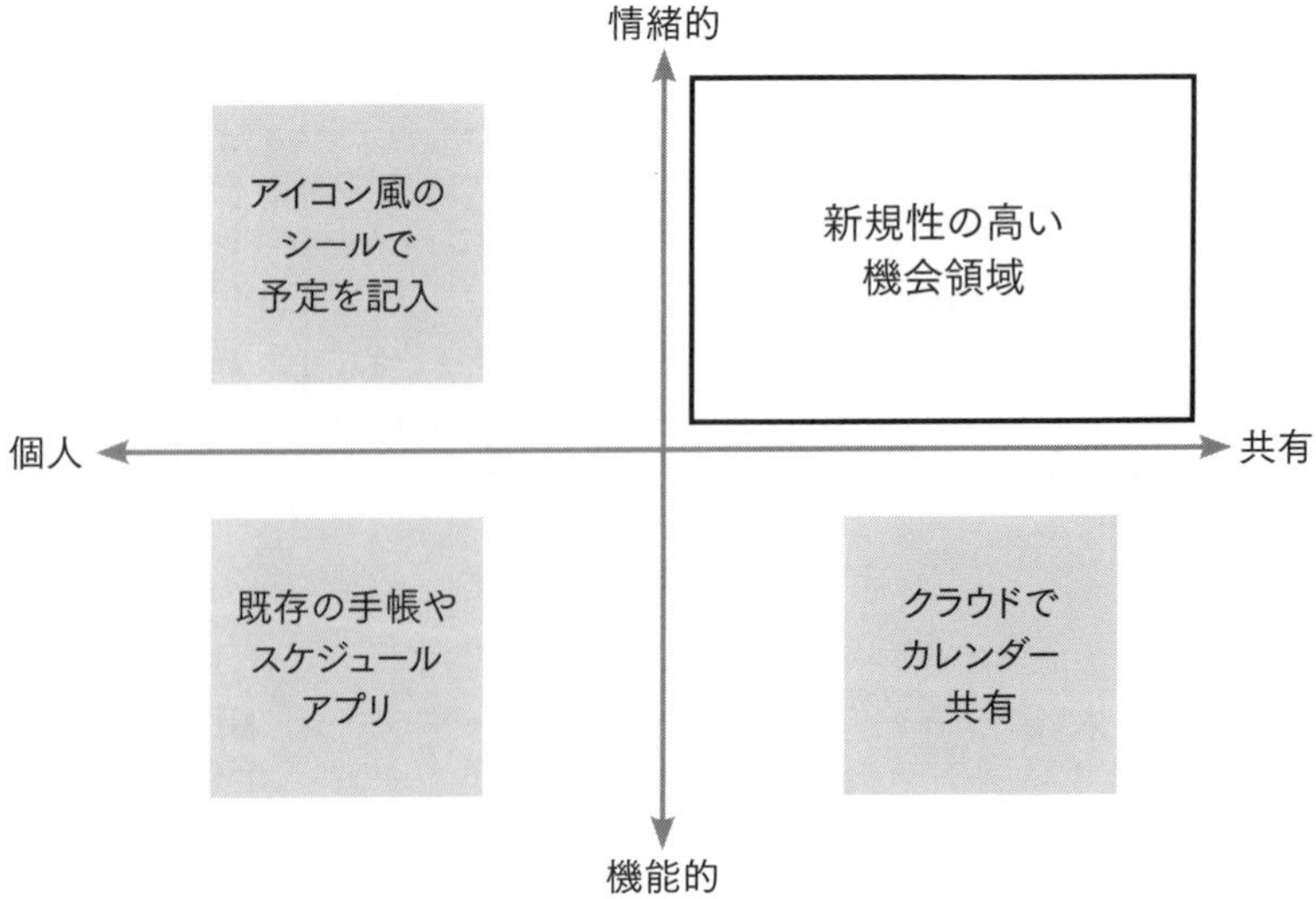

図54 ▶ 四象限マップ：初期の仮説的フレーム

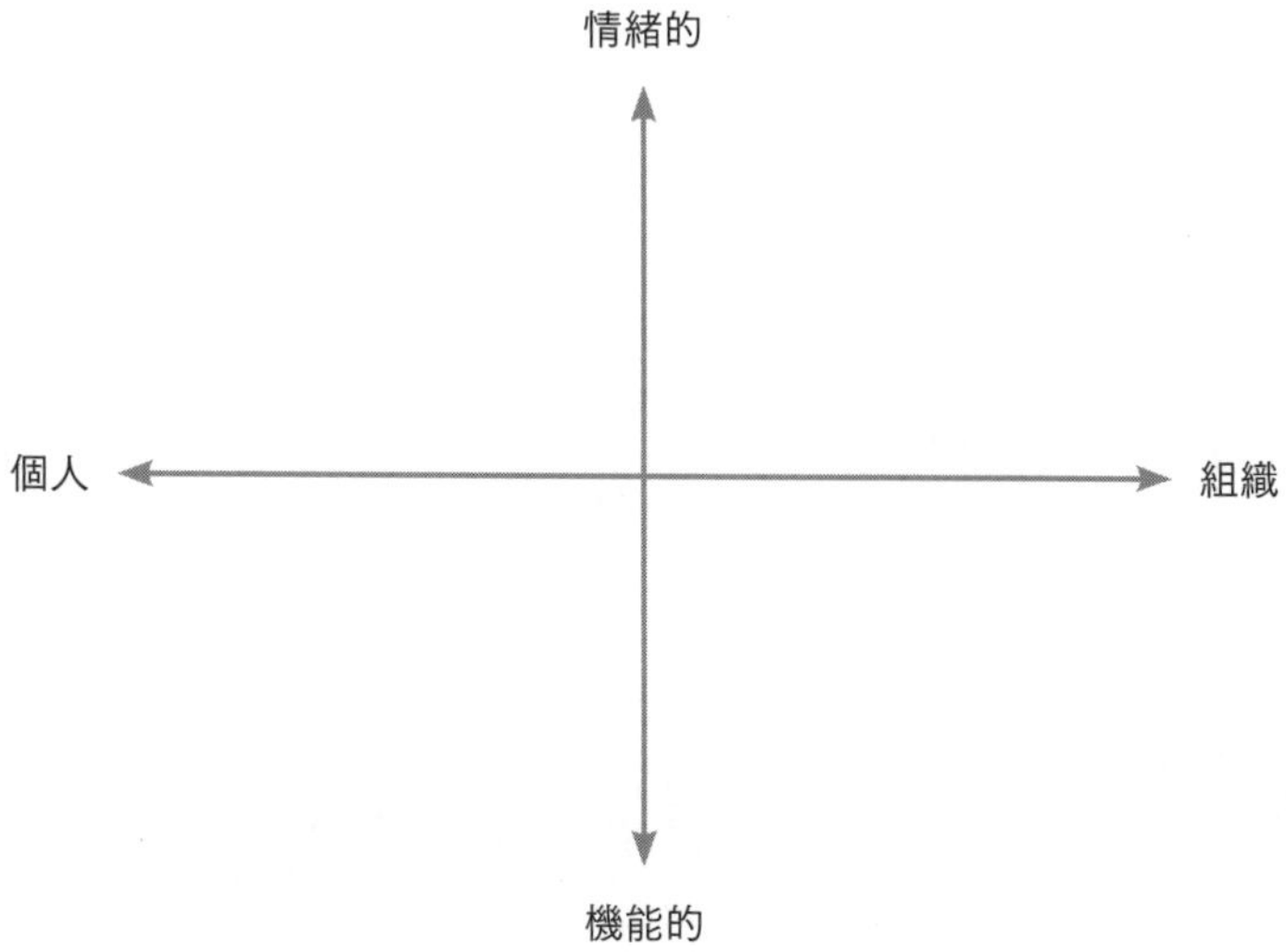

図55 ▶ 四象限マップ：フレームの検討

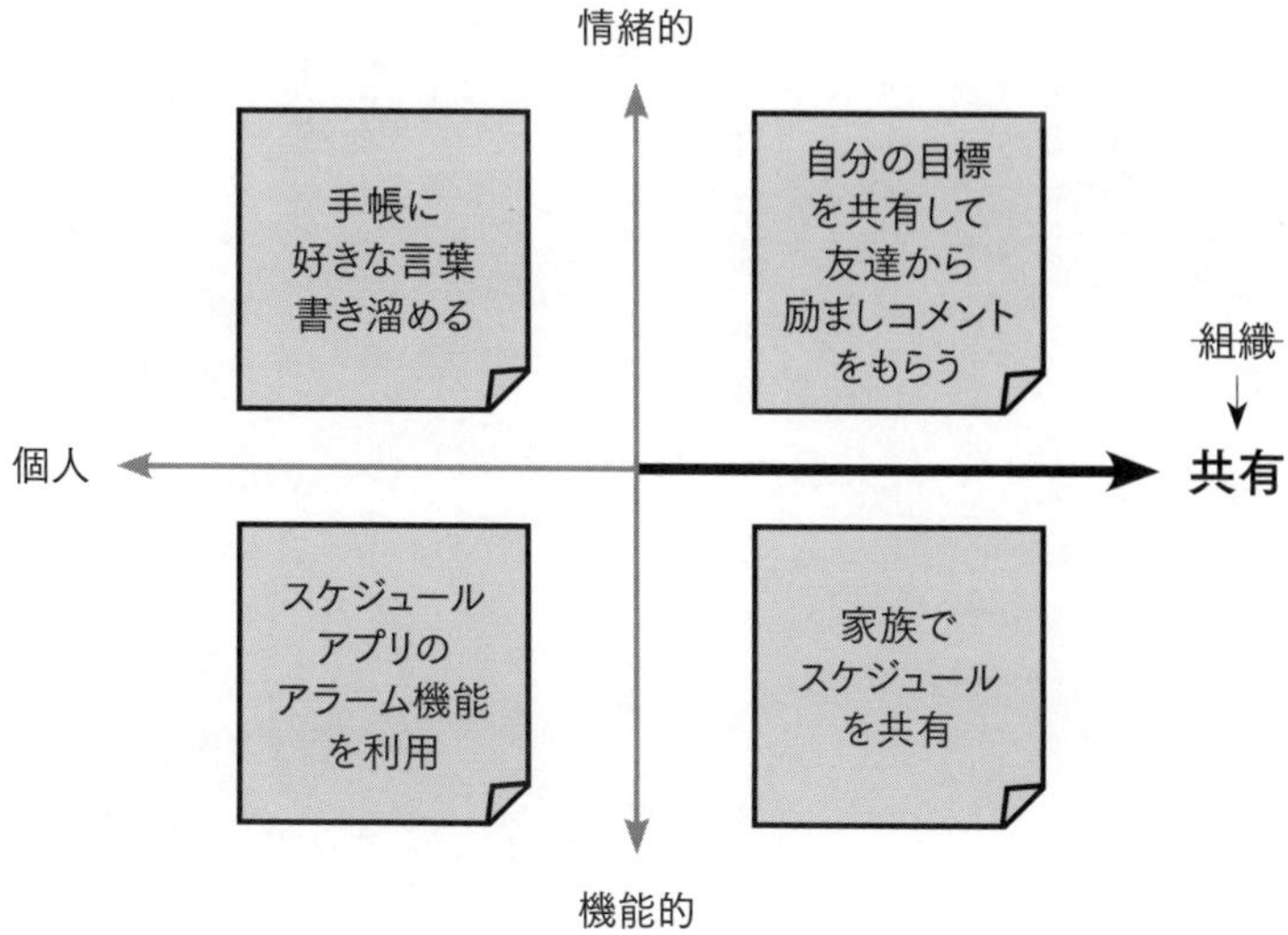

の背景には紙の手帳からアプリ・クラウドサービスへの移行があることから、右側の象限のほうが、新規性の高さを感じられる。

さらに、「機能的」と「情緒的」を比較すると、1日分が見開き2ページ構成になっていて、機能的な予定表が片方にあり、日記風のメモを書けるスペースがもう片方にあるようなタイプの手帳が売上を伸ばしていたりする。また、若い世代で手帳に貼る小さなシールが一般化するなど、機能に加え、情緒の要素を持った製品が新しい市場をつくっていることが確認される。

こうした考察からも、スケジュール管理の市場は、「個人・機能的」から、「共有・情緒的」へと移行しつつあり、その先に新規性の高いビジネス機会があるのではないかという仮説に行き着く。

こうした変化の方向性を見極めるためには、普段から新しい製品やビジネスの動向にアンテナを張って情報収集することが不可欠だ。第3章で紹介したデスクリサーチのような手法も有効だろうし、情報収集しながら本当に関心があるテーマを見つけたら、その分野の専門家に会いに行くことも選択肢の1つだ。

機会領域を特定したら、その領域における製品やサービスをイメージできるアイデアを導出する。ここでのアイデアは、後述の機会の明文化や機会コミュニケーションに活用することが目的だ。スケジュール管理の例で言えば、「WEBでもモバイルでも使えるサービス」「イイねや絵文字で情緒的なフィードバックを受けられる」といった製品・サービスの概要をイメージできるものが望ましい。機会領域の特定に至るまでのディスカッションの中で出てきたアイデアも忘れないよう、ポスト・イットなどにきちんと記録しておくとよいだろう。

ブレインストーミングの4原則

アイデア導出の方法として、ここでは「ブレインストーミング」を紹介する。ブレインストーミングとは、グループになって参加者が自由に意見を出し合うことでアイデアを導出する発想法である。特別な準備を必要とせず、気軽にアイデアを導出できる方法としておなじみだ。

ブレインストーミングを行うには、まずメンバーを集める。次にテーマを設定して、自由に意見を出し合いながらアイデアを出していき、1時間程度で区切る。出てきたアイデアは1つずつポスト・イットに書き出して、壁やホワイトボードに貼っていくとよいだろう。

この発想法の提唱者であるアレックス・オズボーンが考えた、ブレインストーミングの4原則は次のとおりだ。どれも基本的なことだが、ブレインストーミングをしていると、わかっていても批判的な意見を述べてしまったり、既存の枠組みの中だけで発想してしまうことがあるので注意しよう。

この他のアイデア導出の方法論は、巻末の参考文献も参考にしてほしい。

(1) **質より量を重視する**…アイデアを出す時は内容の質は気にせず、量をたくさん出そう。アイデアの量（数）が多ければ多いほど、有益なアイデアを導出することができる。

(2) **批判しない**…アイデアを出している間は、実現可能性や意義などの批判は一旦横に置いておこう。批判されない環境がより自由な発想を促す。

(3) **自由なアイデアを歓迎**…多少馬鹿げていたり、突飛なアイデアも歓迎しよう。自由な発想を歓迎する雰囲気が、今までの枠にとらわれない発想を促す。

(4) **アイデア同士を結合する**…他人が出したアイデアに乗っかったり、触発されたりしながら次のアイデアを出そう。本書で繰り返し述べている統合的な概念導出と同様に、AとBからCという新しい概念を生み出す。

③ 機会を明文化する

最後に、自分たちが導き出した機会がどんなものかを明文化する。明文化する要素は、タイトルと概要、顧客像、提供物、顧客便益だ。この作業を通じて、機会がより具体的なものとしてイメージできるようになる。

また機会が明文化されることで、自分たちがどんな生活者に対してどんな提供物を用意できるか、それが生活者にとってどんな価値があり、そしてこの製品・サービスを一言で表現すると何かということが明確になり、次章の「機会コミュニケーション」を円滑に進めることができる。

反対にこのタイミングで機会が明文化されていないと、機会コミュニケーションの内容は曖昧でわかりにくくなり、意思決定者やステークホルダーの理解と共感が得られなくなってしまう。

機会を明文化するための各要素は、次の問いに答えながら考えてみよう。図57は、これまで見てきたスケジュール管理を例に、機会を明文化した「機会フレーミングシート」だ。

図57 ▶ 機会フレーミングシートの例【シェア＆フィードバック】

タイトルと概要

- シェア＆フィードバック
- 周囲の人と共有し、情緒的なフィードバックを受けられるスケジュール管理

顧客像

- ソーシャルメディアに慣れていて、自分のことをオープンにしたり、シェアしたりすることに抵抗感がない
- 一人で活動するよりも、友達や家族など周りの人たちと一緒にものごとに取り組みたいと思っている

提供物

- WEBでもモバイルでも使えるスケジュール管理サービス
- 予定を友達にシェアでき、コメントやフィードバックを受けることができる
- イイねや絵文字による情緒的なフィードバックを受けられる

顧客便益

- 自分の予定をシェアし、情緒的なフィードバックを受けることで、自分の活動を応援されているような気持ちになり、前向きにものごとに取り組むことができるようになる

タイトルと概要

● 機会領域を一言で表現すると？

（顧客像や提供物、顧客便益がある程度固まった後で概要を整理し、タイトルをつけるとよい）

顧客像

● ターゲットとなるのはどのような顧客像か？

● その顧客像はどんなことをやりたいと思っているか？　彼らにとっての理想的な状態とは何か？

提供物

● 顧客に対してどのような製品やサービス、価値を提供するか？

● 機会における提供物（製品・サービス、価値など）の例は？

顧客便益

● 対象者にどのような便益や価値がもたらされるか？

● 顧客の嬉しいポイントはどこにあるか？

2　機会フレーミングのツール

ここでは、機会フレーミングの基本的なツールとして、グループ化、四象限マップ、プロセスマップ、システムマップを紹介し、最後に独自のフレームをつくるためのコツを解説する。

グループ化と四象限マップは、定性情報を統合することで新しい概念を導出し、フレームを作成するためのツールだ。新しい概念を伴ったゼロベースの機会導出に向いている。

一方、プロセスマップとシステムマップは、顧客体験の流れ（プロセス）や、ある事象における要素間の関係性（システム）にもとづいて定性情報をフレーム化するツールだ。現状のフレーム化と、その空きスペースから見えてくる機会の導出に向いている。

▼グループ化

機会フレーミングにおける最も基本的なツールが、グループ化である。情報をグループ化することによって、具体的な事象から一段階、抽象度を上げた概念を導出できる。抽象度が高い概念は、前項で説明した「汎用性の高いフレーム」をつくる上で効果的だ。

グループ化には2つのステップがある。はじめに、ポスト・イットなどによって物理化した定性情報を関連する要素同士で束にする。次に、その束に対して抽象度の高い概念をタイトルとする。

ここでは、健康データの記録を例にグループ化の進め方を説明しよう。健康データの記録とは、体重や血圧、歩数などを日常的に計測・記録することだ。

まずは健康データについての定性調査を経て、「記録の束を眺めるのが好き」「1日でも記録が欠けると気持ち悪い」「10年間同じ記録を取り続けている」「記録の蓄積を自慢したい」「頑張っているねと言われたい」「ジムのトレーナーにほめられるのがモチベーション」「目標を定めて早く達成したい」「レベルが上がっていくのが好き」「健康診断の数値を基準値以下にしたい」といった事実や発見があったとする。

これらの事象のうち、「記録の束を眺めるのが好き」「1日でも記録が欠けると気持ち悪い」「10年間同じ記録を取り続けている」は記録の収集に関連する要素として束にする。同様に、「記録の蓄積を自慢したい」「頑張っているねと言われたい」「ジムのトレーナーにほめられるのがモチベーション」を人に認めてもらいたいグループ、「目標を定めて早く達成したい」「レベルが上がっていくのが好き」「健康診断の数値を基準値以下にしたい」を目標を達成したいグループとして束にする。最後にそれぞれのグループに対して、「収集欲求」「承認欲求」「達成欲求」というタイトルで概念を導出すれば、図58のようにグループ化の完成だ。

要素同士を束にする際は、「統合的に概念をつくる（180頁）」の箇所でも述べたように、自明の分類で束にするのではなく、要素と要素をグループ化することによって新しい意味を生み出すことを意識しよう。

健康データの例で言えば、「記録の束を眺めるのが好き」「1日でも記録が欠けると気持ち悪い」「記録の蓄積を自慢したい」を、「記録」というタイトルで束にしても、単なるラベルに過ぎず、新しい機会の示唆としては弱い。事象を表面的に解釈するのではなく、その事象の背景にある動機や価値観から共通項を探ることを意識しよう。

「記録の束を眺める」「記録が欠けると気持ち悪い」「10年間同じ記録」といった情報から、その背後にある継続して記録を取り続けたいという動機を見つけることができる。あとは枠外を示唆する概念かどうかを意識しながら、タイトルを考えてみる。この場合は、「記録」という単なるラベルを超えて、動機や価値観に関連した新しい機会を示唆する「収集欲求」というタイトルを導出した。

グループ化によって導出した抽象概念は、そのまま機会フレームとして使えるだけでなく、この後で説明する他のツールの構成要素として活用できる。例えば、グループ化によって導出された概念を四象限マップの軸として参考にしたり、システムマップの要素の1つとすることも可能だ。

図58 ▶ グループ化の例【健康データの記録】

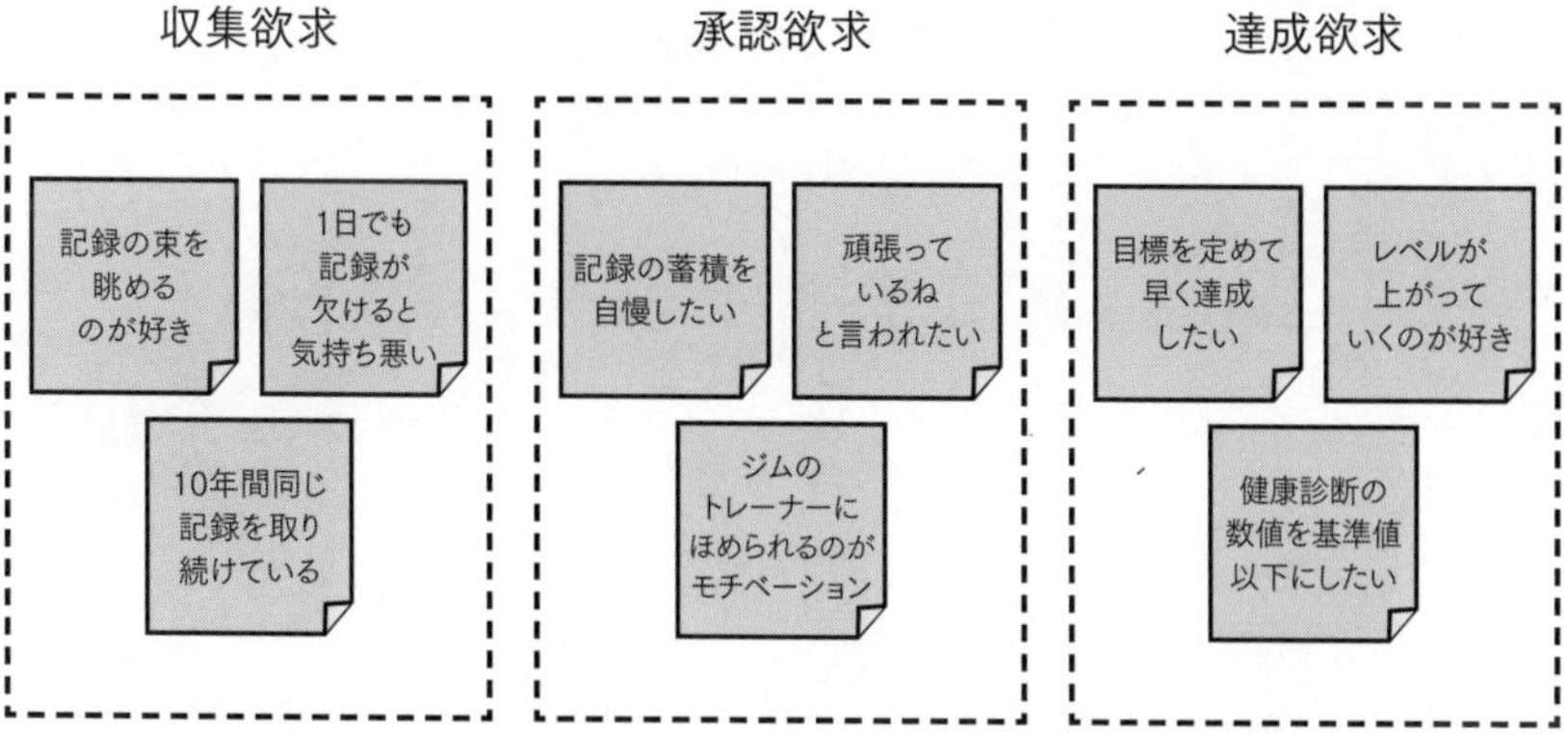

▼四象限マップ

四象限マップは、機会フレーミングにおいて使い勝手のよいツールとして大活躍する。使い勝手のよさは、前項で述べた既存市場との関係性で新しい機会を明示できる点にある。二軸それぞれの片方の端に既存市場を説明する要素を、それぞれの反対側に既存市場の常識を覆す要素を置くことで、既存市場の象限と対角線上にある象限を機会領域と見立てることができる。

四象限マップを作成する際は、まずグループ化によって生まれた抽象概念から、既存市場にはない新しい視点を示唆するものをいくつか選定し、その対立項として既存市場を説明する概念を置いてみる。既存と新規を説明できるテーマの軸がいくつか見つかったら、それらを組み合わせることで興味深い四象限マップができないかを検討してみる。

仮説的な四象限マップができたら、前項でも触れたように、いくつかの定性情報を四象限マップのそれぞれの象限に当てはめながら、各象限と四象限マップ全体の妥当性を検討する。この時点で、軸の定義の見直しが必要であれば躊躇せずに四象限マップを更新していくとよい。定性情報とマップを頻繁に行き来しながら、より完成度の高いフレームにしていくことが機会フレーミングの要点だ。

以上の操作を繰り返すことで四象限マップの精度が上がったら、既存のビジネスを各象限に置いてみる。そうすることで、四象限マップのどの領域からどの領域へ市場が変化しているのかを理解することができる。変化の流れを把握できたら、新規性の高い機会領域を特定しよう。

前述のスケジュール管理を例に取って説明すると図59のようになる。「個人」と「共有」、「機能的」と「情緒的」という2つの軸で形成される四象限マップを作成し、スケジュール管理の新しい機会として、右上の「共有・情緒的」の領域を新しい機会として注目した。

　これに対して左下の「個人・機能的」の領域は、スケジュール帳などに見られるように、古典的な領域だと考えられる。さらに、近年のスケジュール管理市場の変化の兆しとして、左上の「個人・情緒的」の領域に、日記やコメントが書けるスケジュール帳が当てはまりそうだ。また、右下の「共有・機能的」の領域には、アプリやクラウドによる共有スケジュールサービスなどが考えられ、これの領域に特徴的な商品やサービスが生まれつつあることがわかる。

　こうした考察によって、スケジュール管理の世界は、左下から右上に向かう大きな変化の流れがあり、右上の象限を新しい機会領域として特定することができる。

図59 ▶ 四象限マップの例【スケジュール管理】

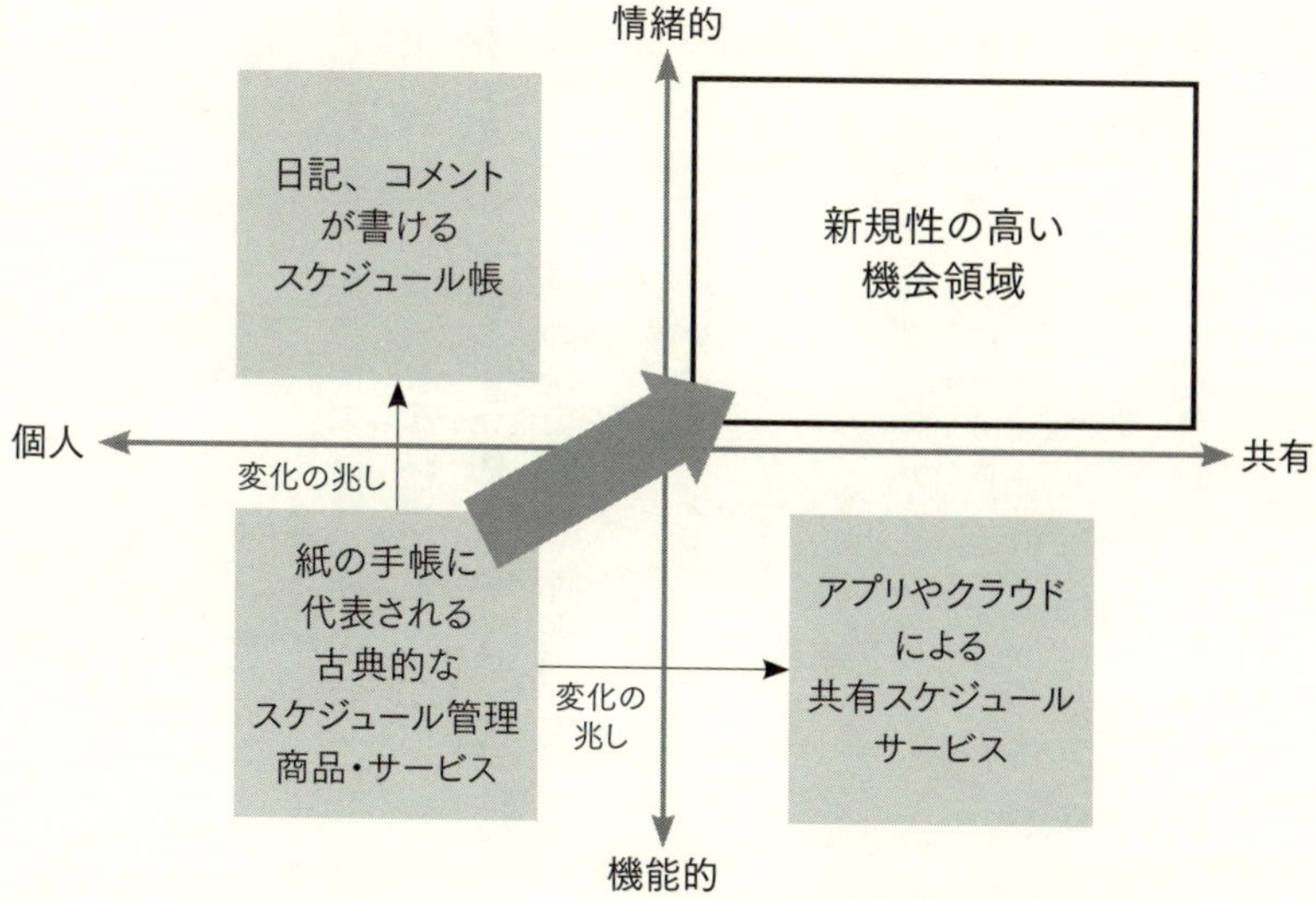

▼プロセスマップ

プロセスマップとは、顧客体験の流れを順序立てて説明するツールだ。定性調査から得た情報をもとに、どのような体験が、どのような順序で起こり、そこでは生活者はどのようなことを感じているかをフレーム化していく。

体験のプロセスを起点に考えることで、生活者を中心に置いた機会を導出できるのが、プロセスマップの特徴だ。グループ化や四象限マップが概念同士の関係性から機会を探索するのに対して、プロセスマップは体験における生活者の気持ち（不満や不便）から機会を見極めていく。プロセスマップを使って整理することで、顧客体験の流れを理解し、そこでの価値提供や顧客満足の有無を確かめながら、新たな機会を探ることができる。

また、プロセスマップは、グループ化や四象限マップのような創造性を要するツールとは異なり、ある程度機械的に作成できるので取り掛かりやすいのも魅力だ。

プロセスマップの作り方は次のとおりだ。まず、定性情報を参考に、顧客体験のステップを構成する要素となりそうなものを抽出する。課題リフレーミングの際に「体験分析」を行っていれば、それらも参考になるだろう。

顧客体験の要素はポスト・イットに書き出し、グループ化の方法を使って要素とタイトルの組合せで整理する。2〜3の要素が1つのタイトルで整理されるのが標準的だが、場合によっては、1つの要素が独立して存在する場合もあるだろう。タイトルの数はテーマ設定にもよるが4〜10程度、多い時で15程度となるだろう。

次にグループのタイトルを時系列に並べ、顧客体験のステップを整理する。この段階で、定性情報から得た各ステップの不満点などもポスト・イットに書き出しておくと、その不満点を解消する新たなプロセスを検討することができる。

最後に、作成したプロセスマップから機会を見定めていく。現状のプロセスの一部を改善するやり方から、新たなプロセスの創出まで、プロセスマップには3つの機会特定のパターンがある。

(1) **顧客のステップはあるが、そこで提供されている製品やサービスに対して、顧客が不満に感じている**…顧客体験のプロセスを整理すると、現状のプロセスのうち特定のステップにおいて顧客の不満や不便があることがわかる場合。これらの不満や不便を解消することが新たな機会となる。

(2) **顧客のステップはあるが、そこに適切な製品やサービスが提供されていない**…顧客体験のプロセスや提供価値を見ていくと、顧客にとって重要なステップであるにもかかわらず、そのステップに適した製品やサービスが提供されていない場合。このステップに対して製品やサービスを提供することが新たな機会となる。

(3) **顧客のステップは明示的にはないが、何らかの製品やサービスを提供することで顧客の満足度が向上する**…今は明示的なステップがなく、製品やサービスも存在しないが、前後の文脈をもとにステップを設け、製品やサービスを提供することによって顧客の満足度が高まる可能性がある場合。ステップをつくり、そこに製品やサービスを展開することが新たな機会となる。

では具体的にプロセスマップをどう活用していくのか、図60の家具購入を例に考えてみよう。定性調査の結果、家具購入のプロセスを「選択」「配送手続き」「待ち期間」「設置」に分けたとする。さらに定性調査から得た情報をこのプロセスマップに当てはめてみたところ、「配送手続き」には「配送料を払うのがもったいない」、「待ち期間」には「待っている間に適切な買い物だったか不安になる」、「設置」には「配送者に都合を合わせるのが面倒」などといった不満や不便があることがわかったとする。

そこで、「配送手続き」「待ち期間」「設置」の各ステップにおいて、これらの不満を解消できる機会があるのではないかと探索していく。「配送料を払うのがもったいない」「小さな家具でも在庫がないと配送扱いになる」といった定性情報から、在庫を「自分で持って帰る」という選択肢があってもいいのではないか。そうすることで、「待っている間に適切な買い物だったか不安になる」ことも「買った時の盛り上がりが冷めてしまう」こともなくなりそうだ、と考えることができる。

既存ステップの「配送手続き」と「待ち期間」を横断する「配送のセルフ化」を設定し、その後に「設置のセルフ化」というステップを置いて全体のフレームを完成させる。「選択」→「配送のセルフ化」→「設置のセルフ化」という、いわば生活者起点のプロセスを設定することで、新しい機会を捉えることができるだろう。

この例は、前述の機会特定のパターンで示した、「(1) 顧客のステップはあるが、そこで提供されている製品やサービスに対して、顧客が不満に感じている」と「(3) 顧客のステップは明示的にはないが、何らかの製品やサービスを提供することで顧客の満足度が向上する」のハイブリッド型と言えるかもしれない。現状のプロセスを整理したところ、「配送手続き」以降のステップに

図60 ▶ プロセスマップの例【家具購入】

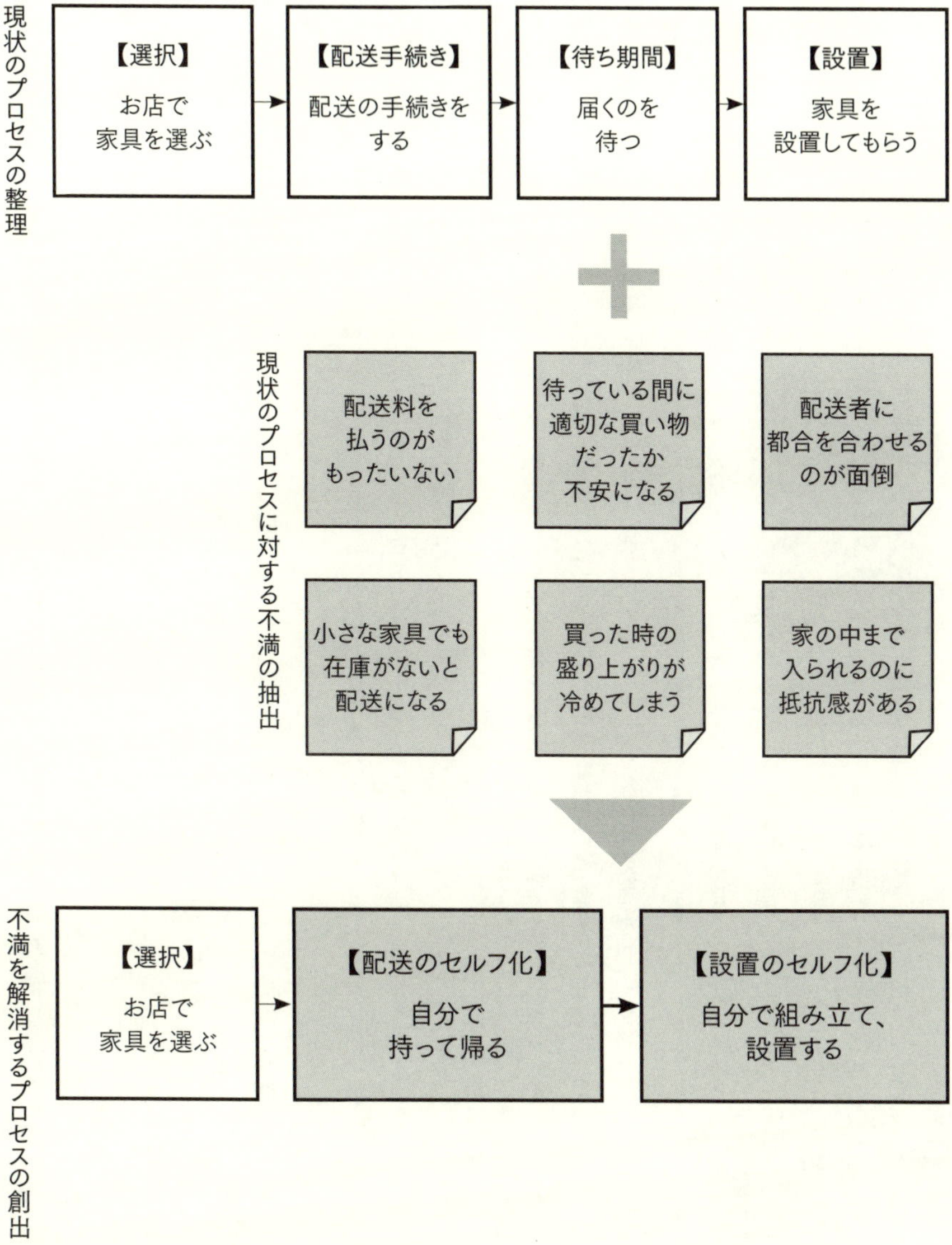

おいて顧客の不満があり、その不満を解消するための新たなステップを機会として導出している。

▼システムマップ

システムマップとは、ある事象における要素間の関係性をネットワークマップのように表現したものだ。プロセスマップが時間軸を伴うテーマに適しているのに対して、システムマップは関係する要素やステークホルダーが多い場合に適したツールだといえる。

ハードウェア製品などの場合は、その製品を取り巻く周辺要素を含めてシステムマップ化するとよいだろう。例えば家電であれば、インターネットに接続することが当たり前になっている中、インターネット環境やスマートフォンなども含めたシステムマップを作成することで、これまで気づかなかった新たな機会が見つかるだろう。

製品だけでなく、サービスにおいてもシステムマップを有効活用することができる。サービスでは、モノ、人、組織、空間などが複雑に関係し合って価値提供が行われる。ホテルを例に考えると、予約のためのＷＥＢサイトや、フロント係、ベルスタッフ、客室、客室のＴＶ端末、レストランなど、様々なモノ、人、空間によってサービスが成立している。

こうした1つひとつの要素を整理してみて、要素同士の関係性に目を向けると、普段意識していなかった意外なつながりを発見できたり、あるいは複雑なシステムの中で宙ぶらりんになっている要素があることに気づくかもしれない。

システムマップの作成を通して、いままで気づかなかった要素や関係性を既存のシステムのなかで発見することができたら、それを起点に新しいシステムを考えてみるとよいだろう。

また、システムマップは他のツールと比べて面的な広がりがあるため、既存市場の周辺に新しい動きが生じているようなケースにおいて、既存と新規の両領域を1つの面で描くことで、新たな機会の導出につながることがある。特に、第3章で述べた環境分析において、新規参入や代替品の領域に新しいプレイヤーや価値提供の動きが確認された場合は、機会フレーミングにおいても、既存の競争領域の外に視野を広げてシステムマップをつくっていくと、新しい機会を導出することができるだろう。

ネット保険会社や他の金融商品の登場によって変化しつつある保険業界を例に考えてみると、金融サービス全般を保険との関係性で描くことで、業界全体にまで広げた機会の探索が可能になる。このとき、定性調査において周辺テーマの情報も収集すると参考になるだろう。保険がテーマの場合、貯蓄や投資などにも範囲を広げておくと、あとでシステムマップをつくる際に有効活用できる。

システムマップの作り方は次のとおりだ。システムマップについても、プロセスマップ同様にシステムを構成する要素をポスト・イットに書き出し、グループ化によって要素とタイトルの組合せで整理するところから始める。タイトルの数は、テーマ設定にもよるが4～10程度、多い時で15程度だ。

次に、タイトル間に線を引きながらその関係性を整理する。タイトルとタイトルの間に、モノ、情報、お金などの流れがあれば、発信元から矢印を引いて受信側につなげる。モノやお金の流れだけではなく、行動や気持ちの流れも併せて記述することで、生活者の動機や価値観を含んだシステムマップをつくることができる。

前述のプロセスマップと同じように、システムマップにおいても、特定の要素に顧客の不満がある、前後の文脈から機会になりうる箇所があるといった見方でマップから機会を特定することができる。

ここでは個人売買を例にシステムマップの活用法を見ていこう。定性調査の結果、個人売買のネットワークを「モノを売りたい人」「モノを買いたい人」「仲介媒体」「配送者」に整理できたとする。そして、それぞれの関係性を表したマップを作成すると、図61のようになった。

さらに定性調査で得た事実や発見をこのシステムマップに当てはめてみたところ、「掲示板や雑誌のような紙媒体では伝達効率が悪い」や「お金のやり取りが面倒」といった、モノを売りたい人と買いたい人を結びつける仲介媒体に対しての新たなニーズがわかり、また配送者に関しても「購入者に個人情報を伝えたくないので匿名で配送したい」というニーズが見つかる。こうした定性情報の整理から、可能性のある機会領域は「仲介者」と「配送者」であると特定できる、といった具合だ。仲介媒体には、ネット媒体化や決済プラットフォーム化、配送者には匿名配送といった新たな事業の機会を見定めることができるだろう。

この例は、個人売買をアシストするネットオークションなどのプラットフォームが登場する以前の状態を想定したものだが、こうした複数のステークホルダーが関係するケースでは、システムマップが効果的だ。システムマップを使って整理することで、例えば「仲介媒体」と「配送者」に対する不満や不安が明らかになり、こうした気付きから、今は存在しないが、あったら顧客が喜びそうな提供物を特定することができるようになる。

図61 ▶ システムマップの例【個人売買】

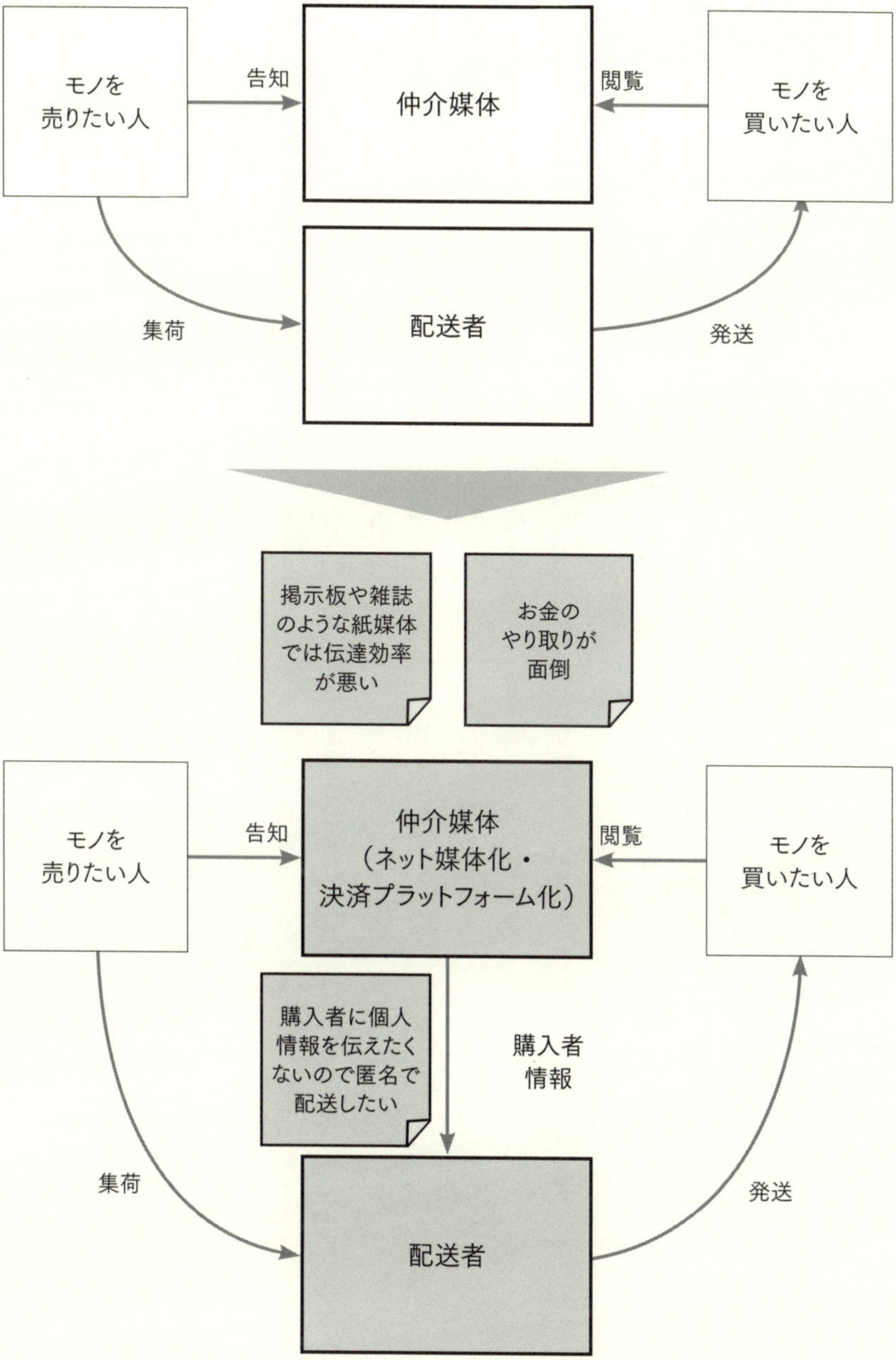

▼独自のフレームをつくってみよう

ここまで機会フレーミングのツールとして、グループ化、四象限マップ、プロセスマップ、システムマップの4つを紹介してきたが、慣れてきたら、独自のフレームワークづくりに挑戦してみよう。本章の冒頭に述べたように、機会フレーミングとは、定性情報をこれまでとは異なる着眼点・見方で切り取って、新しい機会を発見しようとするものだ。まだ誰も使っていない独自のフレームワークをつくることで、定性調査で得た事実や発見をより創造的に切り取ることができるようになるだろう。

前述のとおり、機会フレーミングには、汎用性のあるフレームをつくる、統合的に概念をつくる、新旧の対比で理解する、関係性を整理するといったいくつかのコツがあるが、独自フレームをつくる場合も、これらのコツを最大限に活用しよう。定性情報の要素同士を結合させていく過程で、統合的な概念が生まれ、それらの組合せで関係性を検討しながら、汎用性のあるフレームをつくっていく。

具体的には以下のようなステップとなる。まず機会を示唆する主要な定性情報をポスト・イットに書き出し、必要に応じてグループ化の方法論も使いながら、概念の抽出と整理を行う。次に、整理された概念を改めてポスト・イットに書き出し、ホワイトボードに貼る。ホワイトボード上でポスト・イットの位置を変えながら、概念間の関係性を整理する。機会を表す上で、説得力が高い関係性に整理できたら、その構造をなるべくシンプルな図に当てはめてみる。このステップを行ったり来たりすることで、機会を表現する汎用性のあるオリジナルフレームをつくることができる。ホワイトボードとポスト・イットを使うことで、位置を変えたり、図を描いたり消したりと、フレームの検討がやりやすくなるだろう。

フレームづくりの参考までに、いくつかの図のパターンを紹介しよう（図62）。

ベン図…概念同士の重なりを表現するもの

概念同士が重なる領域にも重要な意味がある場合はベン図を活用する。図では3つの輪が重なるパターンを紹介しているが、輪が2つや4つのフレームも考えられるだろう。

トライアングル…3つの概念間の関係性を表現するもの

3つの概念があり、それぞれの間に明確な関係性がある場合は、トライアングルが有効だ。システムマップとも似ているが、それぞれの要素が均等に重要な、主従関係がないケースおいてトライアングルを活用すると、より関係性が明確になるだろう。

図62 ▶ 独自フレームの例

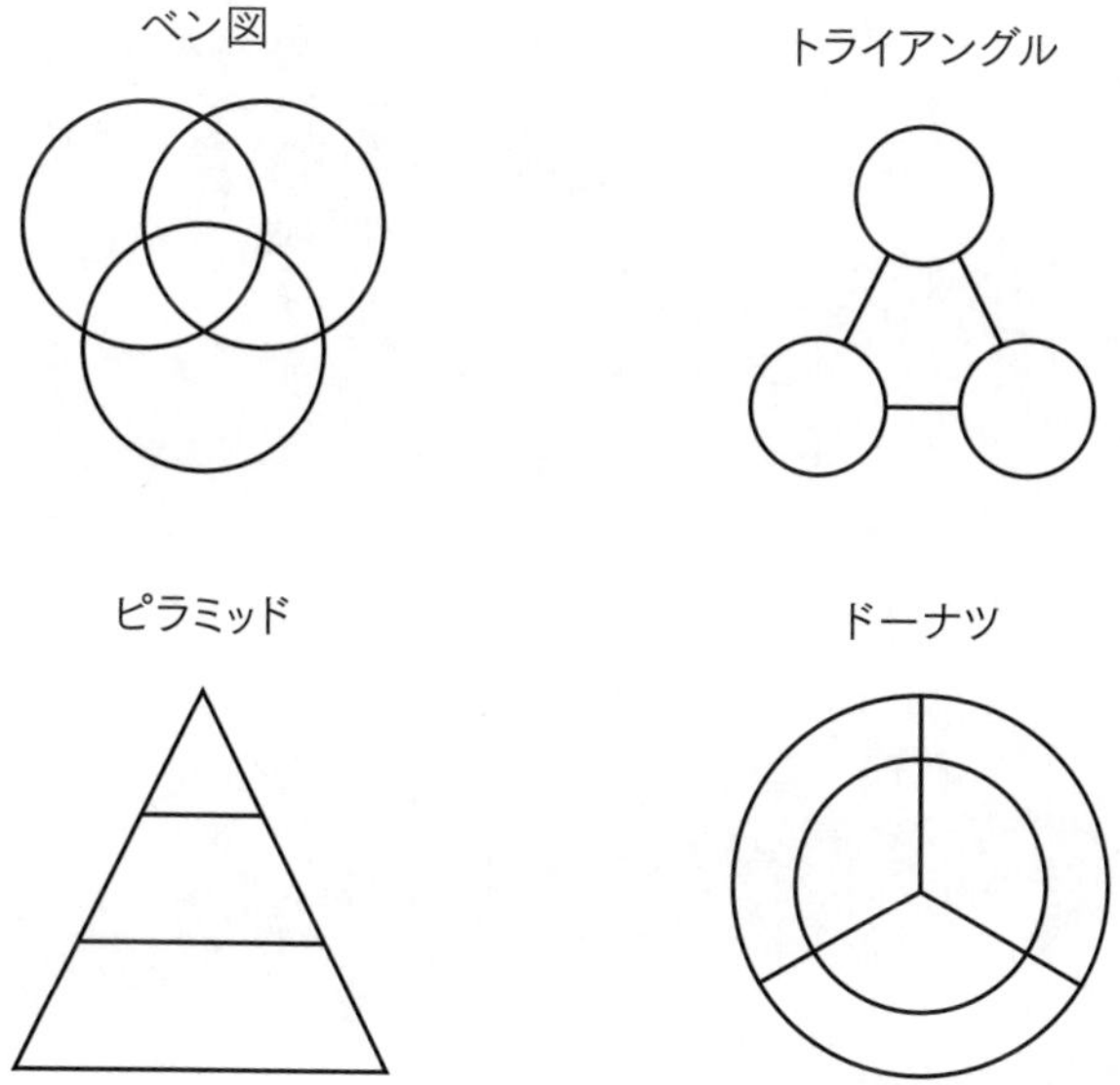

ピラミッド…概念の上下関係を表現するもの

3～5つ程度の要素が明確な階層関係を持っているときはピラミッドを活用する。要素を各階層に分ける他、階層間の関係性を矢印などで整理していくと、より明確に機会を表現できる。

ドーナツ…3～4つの概念関係と2～3層の概念のレベルを表現するもの

トライアングルのように3つの均等に重要な概念があり、かつその概念内にピラミッドの時のような階層関係がある場合は、このようなドーナツ状の図を用いると関係性が整理できるだろう。

これ以外にもあらゆる図のパターンがフレームになり得る。いろんな図のパターンと、それに適用させる概念の関係性を試行錯誤していきしながら、独自のフレームづくりに挑戦してみよう。

第8章 機会コミュニケーション

1 機会を伝えるには？

機会発見の最終ステップは、新しい製品・サービス・事業の可能性を意思決定者や組織のステークホルダーに伝える「機会コミュニケーション」だ。これまでのプロセスを共にしたプロジェクトメンバーであれば、機会の可能性に確信を持っていることだろう。だが、その熱量だけでステークホルダーを説得するのは難しい。

ビジネスの世界で新しいアイデアを伝えるときに、まず問われるのは、そのアイデアの可能性を量的に検証できるかどうかだ。そのため、アイデアの概要を文章と図にまとめて、アンケート調査などの定量調査を実施したりする。

だが、こうした方法には限界がある。調査対象者は既存の常識に基づいて新しいアイデアを評価する傾向が強いため、既存の常識から離れた新規性の高いものであればあるほど評価するのが難しく、その結果、調査が意思決定の判断材料にならないケースが多い。

この限界を補うために、機会発見プロセスでは、物語の力を使って新しい機会の確からしさを伝えていき、意思決定者やステークホルダーの共感を生み出す。まずは機会コミュニケーションとはどういうものなのか、その考え方について見ていこう。

▼未知の世界を量的に検証することの限界

既存市場に対して製品やサービスを投入する場合、それら製品やサービスは（基本的に）従来の延長線上にある改変品なので、アンケート調査などによって顧客の評価を定量的に測ることは容易だ。

一方、機会発見プロセスを通じて見出した機会（または機会に基づいた製品・サービス）は、顧客からすると評価基盤が全くないものになる。顧客は既存市場の常識で評価する傾向にあるため、調査をすると、新規性の高い製品・サービスは既存の常識から距離がありすぎてネガティブに受け取られてしまうことがしばしばだ。スマートフォンも初期の頃は好評の一方で、キーボードがないといった既存市場の常識に基づいた批判的な意見も多く見られた。

市場を刷新するような革新的なものであればあるほど、顧客の反応は振れ幅が大きく賛否両論になり、果たして新しいビジネス機会として可能性があるかどうか、確信を持って意思決定することが困難になる。

▼物語の力で未来を描く

新しいビジネス機会について意思決定する際に、顧客の評価を判断材料とすることが難しいとしたら、組織は何を根拠にすればよいのだろうか。一歩踏み出すには組織の意思が必要だ。その意思に確信を持たせるのは、物語の力に他ならない。

物語の主人公（顧客像）が、製品やサービスなどの提供物を利用する様子（ストーリー）から構成される物語を描くことで、こんな顧客がこんな生活をできるようになれば、世界が変わり、大きなビジネスチャンスになるのではないか、そんな共通認識を組織の責任者から現場の担当者まで広く共有することができる。

物語とは、リアルな顧客像をベースとした主人公と、新しい機会のもと提供される製品・サービスを通じて主人公が感動したり、幸せになるストーリーを描いたものだ。機会フレーミングで作成した「機会フレーミングシート（図57、191頁）」はあくまで提供者目線で記述された資料なので、このシートの内容をもとに、より生活者起点で新しい機会の可能性を伝える物語を描くことが大切だ。そうすることによって、1人の具体的な生活者に対する理解と共感が深まり、意思決定する上での判断材料となっていく。

組織を動かす物語の核となる要素は、リアルな顧客像を描いた「ペルソナ」と、こんな生活がありそうと思えるストーリーを描いた「カスタマージャーニー」「シナリオ」「ストーリーボード」だ。それぞれの特徴について見ていこう（図63）。

リアルな顧客像――ペルソナ

ペルソナはラテン語で人格という意味があり、心理学用語として使われるようになった後、ビジネスの世界にも顧客像を表す言葉として定着した。

ペルソナを通じて、こんな価値観を持っていて、こんなことがやりたくて、こんなことに困っていて、といったよりリアリティをもった顧客像をイメージできると、具体的な提供物を想像でき、さらに提供物の取捨選択や優先順位付けがしやすくなる。この人だったら、これは喜んでくれそうだとか、これはたぶん使わないな、ということが、ペルソナの設定によって考えやすくなるのである。

ペルソナが組織に定着すると、機会発見プロセスの後に続く、具体的な製品・サービス開発においても、ペルソナが参照される。時には、ペルソナにつけた架空の名前がひとり歩きし、〇〇だったらどんな製品を欲しいと思うか、どんな形状が好みだろうかといった具合に、開発プロジェクトにおける中心的要素になることもある。

図63 ▶ 物語の構成要素

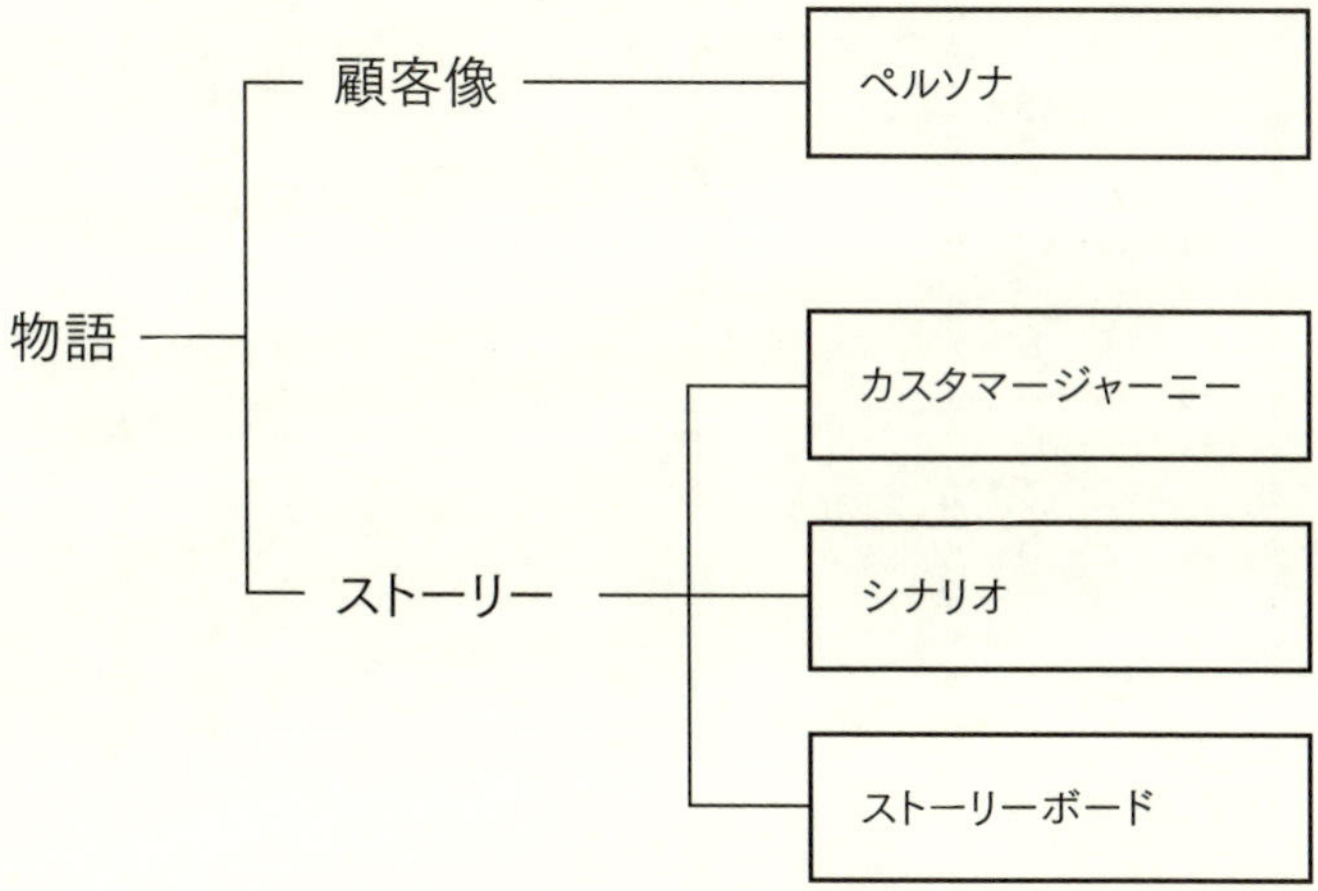

こんな生活がありそうと思えるストーリー
――カスタマージャーニー、シナリオ、ストーリーボード

リアルな顧客像（ペルソナ）が主人公として登場する、新しいビジネス機会における顧客体験のストーリーを描くと、物語はさらに強固なものになる。ここで描かれるストーリーは、現段階ではフィクションであり、ある意味妄想だ。ただ小説と異なるのは、ストーリーはこれまでのプロセスを通して見出した機会に基づく記述であり、「実際に起こりそう」「ありそうだ」と読み手に感じてもらえることが重要だ。

ストーリーの記述方法には、カスタマージャーニー、シナリオ、ストーリーボードというツールがある。後述するようにそれぞれ特徴は異なるが、共通しているのは、ペルソナがどんな状況下でどんなことをやりたいと思っていて、どんな新しいことが提供されると、どのように生活が変化するか、という一連の流れを記述していく点だ。

ストーリーには、それを目にした関係者に、今はまだないけどこんな生活があったら楽しそうだと思わせ、その気にさせる力がある。アイデアやコンセプトが断片的に紹介されてもその1つひとつは面白いと思われるかもしれないが、それらが集まった時の世界観が伝わりにくい。アイデアやコンセプトが文脈をもってストーリーとしてつながることで世界観が伝わり、よりリアリティのある未来に見えてくるのである。SF映画を例に取ると、映画を構成する登場人物やアイテムが断片的に紹介されるよりも、それらが文脈をもって1つにつながった予告編のほうがリアリティと魅力を感じやすいのと同じだ。

ストーリーには組織内に伝播しやすいという特徴もある。機会を構成する要素が文脈をもってつながっていることで、記憶に残りやすく、説明しやすいものになる。昔話や神話の多くが口頭伝承されていったように、機会のストーリーが組織内に伝播していくのである。

▼機会コミュニケーションのプロセス

機会コミュニケーションのプロセスは図64のとおりだ。機会フレーミングの内容を踏まえて、物語を構成する顧客像とストーリーを作成し、意思決定者や組織のステークホルダーに伝達する。

(1) 機会の顧客像としてペルソナを設定

機会フレーミングで作成した「機会フレーミングシート」の顧客像を参考に、機会を象徴する顧客像としてペルソナを作成する。

(2) ストーリーの設計図としてカスタマージャーニーを作成

カスタマージャーニーは顧客体験の流れをチャート

図64 ▶ 機会コミュニケーションのプロセス

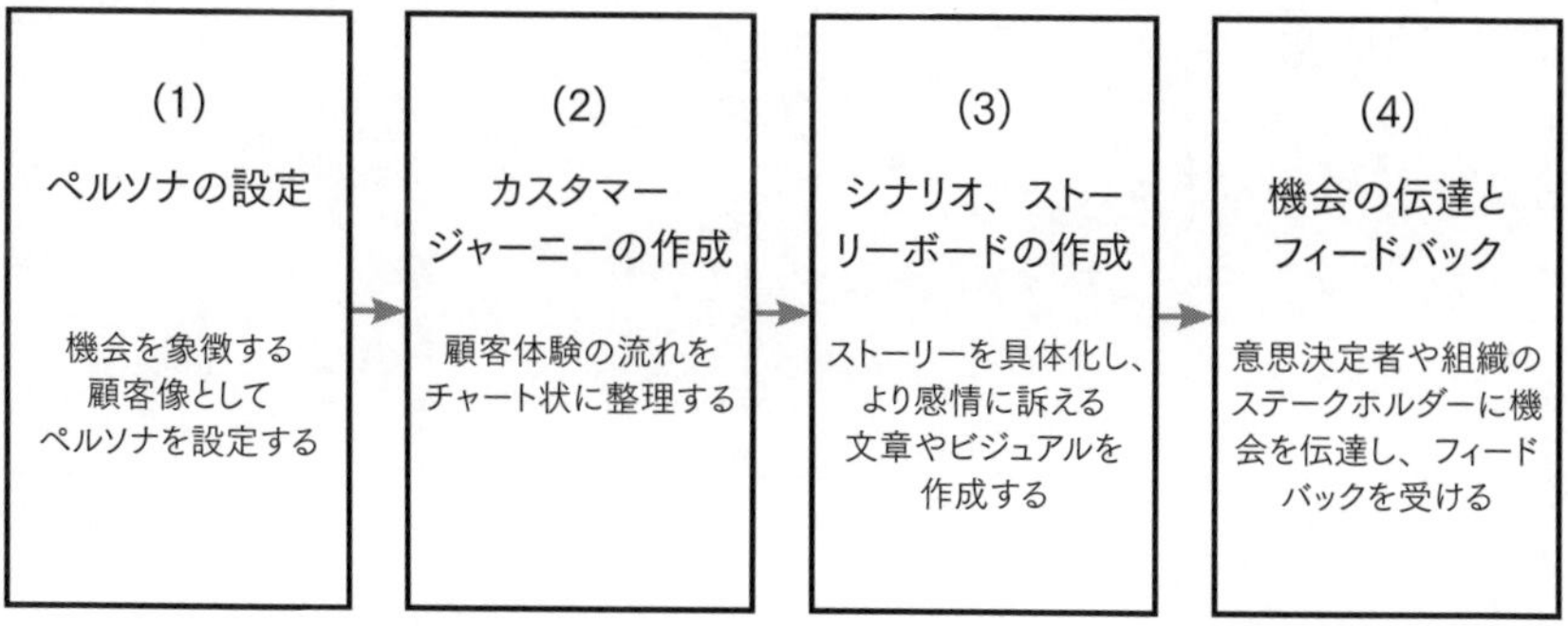
(1)
ペルソナの設定
機会を象徴する顧客像としてペルソナを設定する
(2)
カスタマージャーニーの作成
顧客体験の流れをチャート状に整理する
(3)
シナリオ、ストーリーボードの作成
ストーリーを具体化し、より感情に訴える文章やビジュアルを作成する
(4)
機会の伝達とフィードバック
意思決定者や組織のステークホルダーに機会を伝達し、フィードバックを受ける

状に整理したものだ。ストーリーを構成する設計図として、まずカスタマージャーニーを作成することで、その後のシナリオやストーリーボードが作成しやすくなる。

(3) ストーリーの具体化のため、シナリオ、ストーリーボードを作成

シナリオはストーリーを文章化したもの、ストーリーボードはそれにビジュアルをつけたものだ。カスタマージャーニーの設計図を参考に、ストーリーを具体化し、より感情に訴える文章やビジュアルを作成する。

(4) 機会の伝達とフィードバック

作成した物語を使って意思決定者や組織内のステークホルダーに機会を伝えていく。この過程で受けたフィードバックをもとに物語や機会そのものをブラッシュアップする。

2　機会コミュニケーションのツール

意思決定者や組織のステークホルダーの心を動かすには、物語の力が必要であり、その物語を構成するのがリアルな顧客像と、こんな生活がありそうと思えるストーリーだ。これから紹介するツールを使って顧客像とストーリーを描いていく上では、定性調査によって得た情報を活用して、物語にリアリティを持たせることが重要になる。

例えば、ペルソナを記述する際には、定性調査の対象者たちの情報を切り貼りしながら、1つの人物像を作り上げていく。シナリオを書くときも、定性調査で得た事実や発見を各所に埋め込んでいくことで現実味があり、かつ実現したいと思える世界観が生まれてくる。

▼ペルソナ

ペルソナとは、物語の主人公として架空の生活者を設定し、動機や価値観など、描こうとしている機会と関連付けた人物像を記述するものである。物語を目にした誰しもが、主人公に対して本当にこんな人がいそうと思えるように、リアリティを持たせることがペルソナ設定のねらいだ。

ペルソナの構成要素は、属性情報（架空の名前、性別、年齢、家族構成、職業、趣味、収入など）に加え、動機や価値観に関する情報、機会に関する背景情報だ。描こうとしているビジネス機会を想定し、またデプスインタビューやエスノグラフィ調査を通じて出会った実際の対象者のことを念頭に置きながらこれらの項目を記述していく。

ペルソナ設定では、特に動機や価値観に関する情報が重要だ。例えば、〇〇というブランドが好きという情報だけでは表面的な記述にとどまってしまう。なぜそのブランドが好きなのか？なぜ△△ではなく、〇〇なのかを深掘りし、その情報を付加することで、そのペルソナの価値観がよりリアリティを持ちながら明確になっていく。


第7章で登場した「シェア&フィードバック」のスケジュール管理を例に、ペルソナのつくりかたを見ていこう（図65）。

まず、機会フレームの内容や機会フレーミングシートを参考に、機会を象徴する人物像の属性情報を決める。シェア&フィードバックの例では、周囲の人と共有し、情緒的なフィードバックを受けられるスケジュール管理という新しい兆しが若年層で見られることと、機会フレーミングシートに記述された顧客像から、25歳の社会人数年目の女性を設定した。

次に、機会フレーミングシートの顧客像や定性調査の対象者の情報を参考に、機会につながるペルソナの動機や価値観を記述する。単なる属性情報だけはなく、休日の過ごし方や趣味など、ライフスタイルがうかがえる背景情報を記述することがポイントだ。最後に、機会に関する背景情報を記述する。ここでは、定性調査の対象者情報に加えて、機会フレーミングシートの顧客便益を参考にする。機会フレーミングシートに記述した顧客便益を求める背景として、ペルソナの習慣や行動、価値観などを記述するとよいだろう。

また、ペルソナのリアリティを出すためのヒントは、定性調査時に作成したフィールドノートや、ダウンロード時に整理した「事実」や「発見」のポストイットにあることが多い。折にふれ

図65 ▶ ペルソナの例【シェア＆フィードバック】

ユキ

属性情報

- 25歳女性
- 大学卒業後、インターネットメディア企業に新卒で入社、現在3年目
- 一人暮らしで、週末は大学時代の友人や会社の同期が家に遊びに来る

動機や価値観に関する情報

- 基本的に一人でいるよりも誰かと一緒にいるほうが落ち着く
- 最近友達に誘われ料理教室に何度か行った。料理よりも知らない人と話すのが意外と面白いと思った
- 社会人になって3年が経ち、ふと立ち止まって将来のことを考える余裕と機会が増えた
- 将来のことを考えるのはちょっと不安だけど、同時にわくわくもする

機会に関する背景情報

ソーシャルメディア関連

- 小学生のころから携帯電話を持ち、スマートフォンを使いこなす
- 数あるソーシャルメディアは一通り体験済み、上辺だけのやり取りにはやや疲れはじめている
- 真剣な相談に乗ってくれる限られた友達とは頻繁にメッセンジャーでやり取りをしている

スケジュール管理関連

- 社会人になってスケジュールに記入する予定の数が増えた
- 仕事柄、スケジュールが何度も変更になることがあり、最近紙の手帳からスマートフォンでのスケジュール管理に変えた
- 紙の手帳を使っていたころは、手帳の隅に好きな言葉や自分への励ましメッセージを記入していた
- スマートフォンのスケジュール管理は、機能的だけど時々冷たさを感じてしまう

て、こうした資料に立ち戻ってみるとよいだろう。

ペルソナは、機会の新規性や可能性を伝えるための有効なツールだが、一方で、記述の仕方を誤ると一部の人にしか理解されなくなってしまう。特定の人物像を描きつつ、より多くの関係者に共感してもらえるようなリアリティを追求することがポイントとなる。良いペルソナと悪いペルソナの特徴は次のとおりだ。

良いペルソナ

- 属性に加えて、休日の過ごし方や趣味などライフスタイルがうかがえる背景情報の記述があるもの
- 行動や嗜好の理由が描かれているもの（「〇〇が好き」だけではなく、なぜ〇〇が好きなのかがわかる）
- 実在すると思えるリアリティがあるもの
- 多くの人にこんな人がいそうだと思ってもらえるもの

悪いペルソナ

- 性別、年齢、職業などの属性情報ばかりでライフスタイルが見えてこないもの
- 行動や嗜好のみで、その背景の記述がないもの
- 人物像の理想が高く、リアリティがないもの
- 特殊な記述になりすぎて、一部の人にしか理解されないもの

▼カスタマージャーニー

カスタマージャーニーとは、生活者が機会に基づいた提供物を利用する様子を、顧客（カスタマー）体験の道のり（ジャーニー）として図式化したものである。左から右へと直線的に記述したり、ループ状や逆S字など、チャートの形式自由だ。

カスタマージャーニーの特徴は、顧客体験の構成要素を時系列に並べることで、どのような要素があるかが明確になり、その要素同士がどのような順序でつながり、その結果どのようなストーリーになるかが一目でわかる点だ。また、カスタマージャーニーは、ストーリーの構成要素を明確に記述したものなので、ストーリーの設計図として、シナリオやストーリーボードの作成時に活用することができる。

カスタマージャーニーでは、第3章で紹介した体験分析や、エスノグラフィ調査やデプスインタビューで得た定性情報をもとに、機会に基づいた顧客体験において何が行われるか、何が提供されるか、そして提供物に対して顧客がどのような価値を感じるかを記述していく。

カスタマージャーニーを作成するステップを「シェア&フィードバック」の例を使って解説しよう（図66、223頁）。まず、機会を体現する顧客体験の構成要素をリストアップする。次に、要素を体験の最初から最後まで順番に並べる。「シェア&フィードバック」の例で言えば、体験の入り口となる紙の手帳を変更する場面からはじまり、スケジュールをシェアし、友人からコメントや仕事のヒントをもらい、逆に自分が友達のスケジュールにコメントすることで、最終的に友達に囲まれて仕事をしているような気持ちになるまでの流れだ。構成要素の順序の整理を終えたら、要素の詳細を記述し、カスタマージャーニーを完成させる。

良いカスタマージャーニーの条件は次の通りだ。カスタマージャーニーでは顧客の体験が明確に分節されるため、後述するシナリオ以上に機会の記述として適切な要素がピックアップされているかどうかが重要になる。機会発見プロセス後に具体的な製品・サービスを開発する際にも、カスタマージャーニーのステップごとに発想することで、顧客体験の流れを踏まえたアイデアを導出することができる。

良いカスタマージャーニー

- 機会の要点を示す適切な要素が各ステップで述べられていること
- 機会の全体像が理解できるように、始まりと終わりの範囲が適切に設定されていること
- 提供物に加えて気持ちの変化が記述されていること

悪いカスタマージャーニー

- 重要な部分が抜けていたり、要素が冗長に説明されていたり、要素の選択が不適切なもの
- 始まりと終わりの範囲が不明確、あるいは不適切なもの
- 提供物のみ、あるいは気持ちの変化のみの記述に留まり、両者の関係が明確ではないもの

図66 ▶ カスタマージャーニーの例【シェア＆フィードバック】

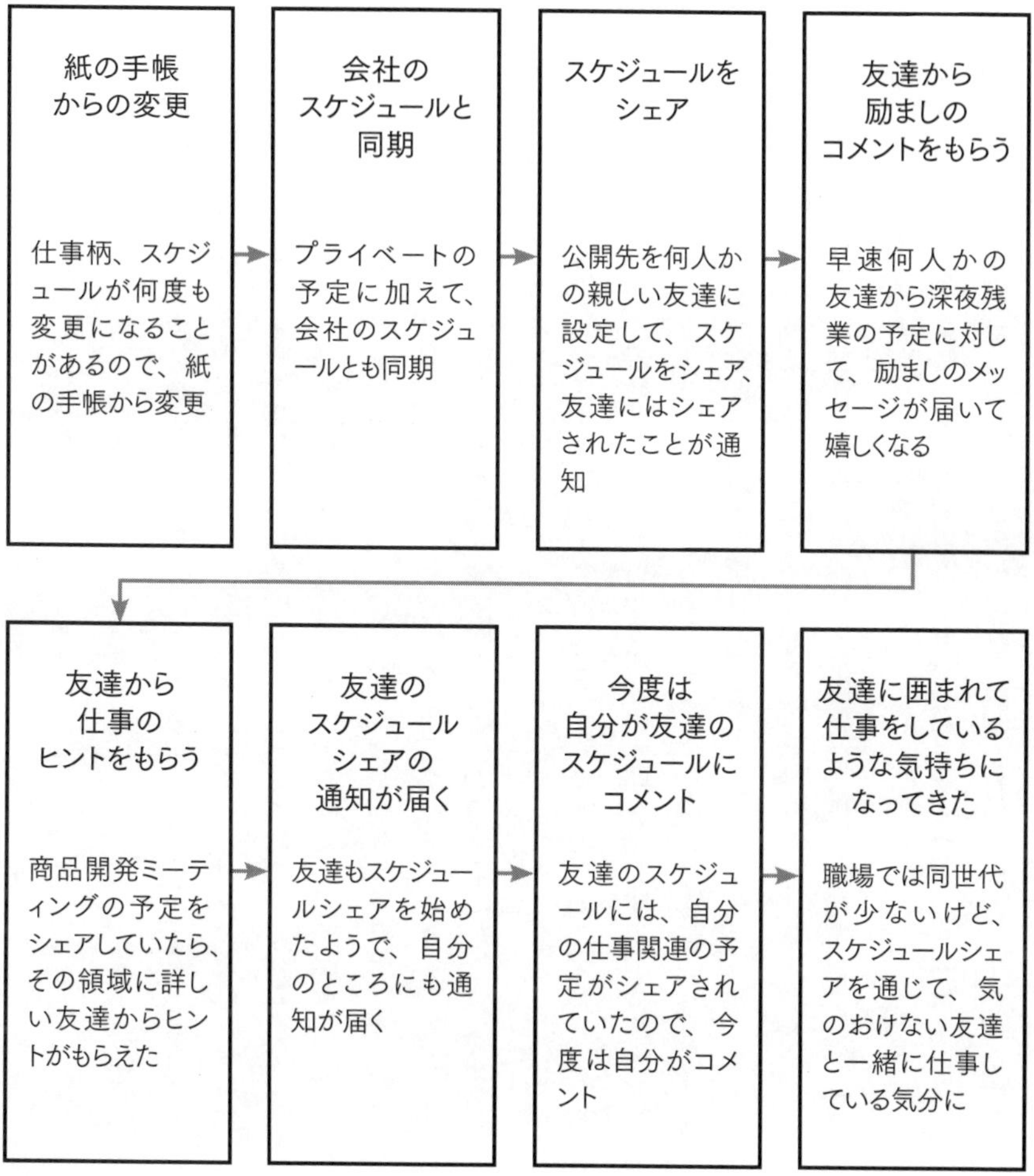
紙の手帳からの変更
仕事柄、スケジュールが何度も変更になることがあるので、紙の手帳から変更
会社のスケジュールと同期
プライベートの予定に加えて、会社のスケジュールとも同期
スケジュールをシェア
公開先を何人かの親しい友達に設定して、スケジュールをシェア、友達にはシェアされたことが通知
友達から励ましのコメントをもらう
早速何人かの友達から深夜残業の予定に対して、励ましのメッセージが届いて嬉しくなる
友達から仕事のヒントをもらう
商品開発ミーティングの予定をシェアしていたら、その領域に詳しい友達からヒントがもらえた
友達のスケジュールシェアの通知が届く
友達もスケジュールシェアを始めたようで、自分のところにも通知が届く
今度は自分が友達のスケジュールにコメント
友達のスケジュールには、自分の仕事関連の予定がシェアされていたので、今度は自分がコメント
友達に囲まれて仕事をしているような気持ちになってきた
職場では同世代が少ないけど、スケジュールシェアを通じて、気のおけない友達と一緒に仕事している気分に

▼シナリオ

ペルソナを主人公に、ビジネス機会を小説風に記述したストーリーのことをシナリオという。シナリオを記述する目的は、ペルソナと同様に、こういうストーリーはありそうだとステークホルダーに感じてもらい、その未来を実現するための推進力にすることだ。そのため、シナリオはあたかも小説のような体裁で、実際に起こりそうな未来のストーリーとして記述する。

シナリオは、既に設定したペルソナを主人公に、三人称形式で記述することが多い。細かいテクニックとしては、文章を過去形にすることで、登場する主人公やストーリーの内容が現実にあるものとして感じられるようになり、荒唐無稽な夢物語ではなく、実際にありそうなストーリーとして受け止められやすくなる。

シナリオをつくるためのステップは次のような流れだ。まず、カスタマージャーニーで描かれた体験の構成要素のうち、どの部分をシナリオとして切り出すかを検討する。カスタマージャーニーの構成要素の数が少ない場合は、全ての要素を盛り込むことができるが、数が多い場合は、いくつかのシーンを選択するかシーンの強弱を検討するとよい。

次に、それらを文章に置き換えていく。この際、いきなり体験から始まると唐突なので、ペルソナの情報を参考にしながら、主人公であるペルソナの紹介や、状況の背景をイントロダクションとして記述するとよいだろう。

「シェア&フィードバック」を例にすると（図67）、冒頭のパラグラフで「ユキはインターネットメディア会社に入社して3年目になり…」といった背景説明を行っている。また、シナリオはカ

図67 ▶ シナリオの例【シェア＆フィードバック】

ユキはインターネットメディア会社に入社して3年目になり、一人前に仕事を任されるようになってきた。ミーティングの機会も増え、しかもミーティング日程はコロコロ変わる。しばらく紙の手帳を使っていたが、仕方なくWEBでもモバイルでも管理できるスケジュール管理サービスに変えてみることにした。

唯一の心残りは、紙の手帳に時々書いていた自分への励ましメッセージが自由に書けなくなること。だがこのスケジュール管理サービスは、自分のスケジュールを友達にシェアして、友達からコメントがもらえる機能があるらしい。普段から写真やメッセージをソーシャルメディアにシェアしているので、一回試してみようと思った。

スケジュールをシェアすると、深夜残業の予定に対して、早速友達から励ましのメッセージが届いた。残業はちょっと憂鬱だったけど、友達からの言葉でちょっと前向きに。商品開発ミーティングの予定に対しては、その領域に詳しい友達から参考情報が届いていた。早速ミーティングで一緒になる先輩に教えてあげよう。

しばらく使っていると、友達のシェアスケジュールが通知で届くようになり、友達と自分の仕事が近いことに気が付く。最近の業界情報を教えてあげよう。自分が知っていることが友達の役に立つのがこんなに楽しいなんて。

職場ではなかなか同世代が少なくて、気軽に周りの人に話しかけたりできなかったけど、このスケジュール管理サービスを使っていると、まるで友達に囲まれて仕事をしているような気持ちになってきた。友達からの応援コメントや情報共有のおかげで、毎日の仕事がもっと楽しくなってきた。

スタマージャーニーでは表現しきれなかった気持ちの変化を情緒的に記述することがポイントだ。そのため、カスタマージャーニーの「今度は自分が友達のスケジュールにコメント」の箇所を、シナリオでは「最近の業界情報を教えてあげよう。自分が知っていることが友達の役に立つのがこんなに楽しいなんて」と表現している。

人の心を動かす良いシナリオの条件は次のとおりだ。

顧客体験のディティールを文章にちりばめること。体験を通じた主人公の気持ちを丁寧に描くこと。提供物とペルソナをバランスよく記述すること。そして、シナリオの分量は長すぎないこと。より多くの関係者が気軽に読めるよう、1~2ページ程度の分量でコンパクトにまとめるのがポイントだ。

良いシナリオ

- 物語の中に提供物の価値が埋め込まれているもの
- 提供物を利用したときの主人公の気持ちが記述されているもの
- こんな世界があってもよいかもしれないという可能性を感じるもの
- 長すぎず簡潔なもの（1~2ページ程度）

悪いシナリオ

- 提供物の価値が伝わってこないもの
- 提供物に対する主人公の気持ちの記述が明確ではないもの

● 新しい世界の可能性を感じないもの、ワクワクしないもの
● だらだらと書かれた冗長なもの

▼ストーリーボード

ストーリーボードとは、映画業界で用いられているカット割りのように、象徴的ないくつかの体験を文章とイラストで描いたものだ。カスタマージャーニーやシナリオで表現した物語を、さらにビジュアルを用いることで、ステークホルダーの共感を深めることができるのが特徴だ。

ストーリーボードは、カスタマージャーニーやシナリオの内容を時間をかけてしっかり伝えたいときに有効だ。カスタマージャーニーの1つの構成要素やシナリオの1つのパラグラフが1枚のストーリーボードになるため、ストーリー全体をストーリーボード化すると5～15枚程度になる。全部に目を通すのにはそれなりの時間を要するが、ビジュアルと文章が一緒になることで、ストーリーへのより深い理解と共感が期待できる。

ストーリーボードを構成するのは、シーンのタイトルとスケッチ、そしてそのシーンを説明する簡単な文章だ。映画のストーリーボードは実写さながらの詳細さで描かれるようだが、機会発見では、もっと手軽なスケッチ状の、コママンガのように記述されることが多い。

ストーリーボードをつくるためのステップは次のとおりだ。まず、カスタマージャーニーやシナリオを参考に描くべきシーンを選択する。続いて、シーンにおける登場人物と顧客体験、および周辺環境との関係を整理し、最後にそのシーンのイラストを描く。

「シェア&フィードバック」を例に取ると(図68)、まずカスタマージャーニーやシナリオのシーンの中から「友達から励ましのコメントをもらう」を選択する。

次に、シナリオから該当箇所を引用し、主人公が友人からのメッセージでうれしい気持ちになる様子を文章で記述する。

最後に、主人公の気持ちとアプリ上のインタラクションを同時に示したイラストを作成するといった具合だ。

映画のストーリーボードでも同様のようだが、イラストを描く際は、寄りと引きのカットをバランスよく織り交ぜるとよいだろう。製品を見せたいシーンでは製品に寄ったカットに、製品とユーザーの関係性を示したい場合は少し引いたカットを描くと効果的だ。この「シェア&フィードバック」の例のように、1枚の絵の中に寄りと引きを同居させることもできる。

ストーリーボードの特徴は、イラストに

図68▶ストーリーボードの例【シェア&フィードバック】

友達から励ましのコメントをもらう

スケジュールをシェアすると、深夜残業の予定に対して、早速友達から励ましのメッセージが届いた。

残業はちょっと憂鬱だったけど、友達からの言葉でちょっと前向きになった。

今度は自分が友達のスケジュールにコメントしてみよう。

することによって主人公の気持ちの変化をより豊かに描くことができる点だ。「シェア&フィードバック」の例で描いた「友達から励ましのコメントをもらう」のシーンにおいても、主人公が大笑いするような反応なのか、思わず笑みが溢れるような反応なのか、その微妙なニュアンスを文章だけで伝えるのは難しい。意図を持ってイラストを制作することで、気持ちの変化の細部を描くことができるだろう。

良いストーリーボード、悪いストーリーボードには次のような特徴がある。ストーリーボードの役割は、よりわかりやすく機会の新規性や可能性を伝えることだ。そのため、寄り引きのメリハリがあり、主人公の感情の変化がわかりやすいビジュアルになっていることが重要である。またストーリーボードは、時間のない意思決定者に、紙芝居形式で機会の可能性を伝えるときにも有効なツールとなる。

良いストーリーボード

- カスタマージャーニー同様、機会の要点を示す適切な要素がシーンとして選択されていること
- 主人公の気持ちがわかるように、表情や動作が描かれていること
- 要点を表現するために、寄りと引きを適切に使い分けたイラストになっていること
- （必要に応じて）主人公の行動だけではなく、周辺の文脈も理解できるような背景が描き込まれていること

悪いストーリーボード

- 重要な部分が抜けていたり、冗長に説明されていたり、シーンの切り取りが不適切なもの
- 主人公の気持ちがわかりにくい絵が描かれているもの
- 寄りと引きのメリハリがなく、何を伝えたいかが明確ではないイラストで構成されたもの

3 機会コミュニケーションの実践

ペルソナを設定し、ストーリーを描けたら、あとは実践あるのみだ。意思決定者や組織のステークホルダーに対して、実際に物語を使って機会コミュニケーションを行うことで、彼らからフィードバックを受けたり、プレゼンテーションの過程で新たな気付きを得たりと、機会がどんどん磨かれていく。あるいは物語を伝達する中で機会の設定の曖昧さが明らかになり、機会フレーミングのステップに一旦戻ってみるというケースもあるだろう。

伝達する相手によって、用意する資料や強調する箇所をアレンジしていき、物語への共感を深めていくテクニックがある。「組織のステークホルダー」と「意思決定者」の2つの対象者に分けて解説していこう。

▼組織のステークホルダーに機会を伝える

組織のステークホルダーとは、機会を活用して製品・サービス開発、事業開発、研究開発を行う現場の担当者のことを指す。機会発見プロジェクトに参加したのは限られたメンバーだが、機会の伝達先となる組織のステークホルダーは人数も部門・部署も多岐に渡るだろう。

組織のステークホルダーに機会を伝達する際には、顧客像やストーリーに加えて、機会フレームの裏づけとなる機会発見プロジェクトの一連の流れを説明するパッケージを作成するとよいだろう。説明パッケージはスライドショー状のもので、1時間程度でプレゼンテーションできるものを想定するとよい。

組織のステークホルダーは立場も業務内容も様々なため、心が動くポイントもまちまちだ。そのため、機会の伝達にはこのような説明パッケージを使った丁寧なコミュニケーションを心がけよう。組織のステークホルダーに機会を伝達する際の説明パッケージは、次のような内容だ。

プロジェクトの全体像…プロジェクトが始まった経緯や問題意識を説明することで、プロジェクトの意義や位置づけが明確になる。

機会に至る背景…課題リフレーミングで導出した初期視点、定性調査の概要、定性調査から得た主要な事実や発見。機会に至る背景を丁寧に伝えることで、機会の新規性や可能性への理解が得られる。

機会の概要…機会フレーム（四象限マップ、プロセスマップなど）、関連ビジュアル（図、写真、イラスト）、説明文。機会の構成要素を論理的に説明することで、機会に対する理解が深まる。

顧客像…ペルソナのビジュアル（写真、イラスト）と説明文。リアルな対象者像を提示することで、定性調査の対象者に会っていないメンバーでも、生活者起点で機会を理解することができる。

ストーリー…シナリオ、カスタマージャーニー、ストーリーボードから1〜2点。機会をストーリーとして伝達することで、リアリティがある未来として機会の内容が伝わる。

機会を伝達し、フィードバックを受けて、物語を改訂して、さらに機会を伝達して、という試行錯誤を重ねていったら、機会を説明する動画を作成し、説明パッケージを完成させよう。動画は、機会の概要説明、ペルソナ、シナリオを3分程度にまとめたものだ。静止画をつないだ紙芝居のようなつくりにして、そこに音楽やナレーションを重ねていく比較的簡単につくれるものから、演出家や出演者をキャスティングする本格的なものまである。予算と時間に応じて適切なレベルの動画を作成するとよいだろう。

動画であれば、限られた時間で機会の内容を共有することができ、また誰が説明しても同じ内容を伝えることができるため、機会を説明する頻度が多い場合は特に有効だ。場合によっては、社内のイベントやイントラネットなどで動画を流すことで、より多くのステークホルダーを新しいビジネス機会に巻き込むことができるだろう。

▼意思決定者に機会を伝える

意思決定者とは、機会発見プロジェクトのスポンサーとなっている、部長や役員、場合によっては経営トップのことだ。

彼らに対しては、限られた時間で機会を伝達することが求められるため、エグゼクティブサマリーを用意するとよい。内容は組織のステークホルダー向けに作成した説明パッケージを30分程度で説明できるよう再構成したものだ。エグゼクティブサマリーの基本要素は、プロジェクトの全体像、機会に至る背景、機会の概要、物語（ペルソナ＋ストーリー）である。

意思決定者が論理重視型か直感重視型かによって、機会コミュニケーションとして好まれる内容が異なる。論理重視の意思決定者は機会の「ロジック」を重視する傾向があり、直感重視型の意思決定者は顧客像とストーリーの「リアリティ」を重視する傾向がある。意思決定者向けに説明パッケージを作成する際は、対象となる意思決定者がどういう傾向にあるかによって内容の重点を変えるとよいだろう。

論理重視型の意思決定者に対しては、カスタマージャーニーの活用が有効だ。機会における顧客体験がステップで構成されているため、ロジックを求める意思決定者に理解されやすい。また、論理重視型の意思決定者は、個別の要素の積み上げで意思決定する傾向があるので、どのような社内組織が、どのようなリソースを使い、カスタマージャーニーの各ステップで示されている価値提供をどう実現するか、ということを考えやすくなるだろう。

直感重視型の意思決定者に対する機会伝達では、ペルソナの活用が有効だ。エスノグラフィ調査の対象者を具体的に紹介しながら、リアリティのあるプレゼンテーションを行うとよいだろう。意思決定者という立場上、最前線から離れて現場の顧客感覚が薄れていることもしばしばだ。そんな彼らにリアルな生活者の姿を提示し、動機や価値観に触れてもらうことで、生活者が期待していることを実現したいという思いが醸成されていく。定性調査で出会った1人の生活者のふとした一言が、意思決定者の心を揺さぶり、プロジェクトを大きく前進させるきっかけになることも珍しくない。

直感重視型の意思決定者に対しては、機会の背景情報としてエスノグラフィ調査のダイジェスト動画を作成するのも効果的だ。伝達した機会に直接関係のある、生活者の発言箇所をつなげた動画を用意することで、機会のプレゼンテーションの強力な後押しになるだろう。

あとがき

機会発見という考え方をするようになったのは、「社会学」「デザインシンキング」「マーケティング」という自分自身を形作る3つのバックグラウンドが大きく影響していると思う。

大学で社会学を専攻し、社会調査による人間や社会に対する共感・理解を学んでいくと、次第にそうしたアプローチを建築や都市のデザインに活かしたいと思うようになり、大学院に進んで建築・都市デザインを学んだ。その後縁あって広告会社のマーケティングセクションに職を得た後も、この問題意識や気付きをビジネスの中で実践することを志向してきた。

そんな中、のちに「デザインシンキング」と呼ばれる世界の片鱗を、海外のデザイン／イノベーションコンサルティング会社の活躍とともに知る。業務の中でも、こうしたデザイン／イノベーション会社との協業の機会に恵まれ、10年程前から本書で述べる機会発見を活用した新製品・サービス開発や新規事業開発に携わるようになった。

著者にとっての大きな転機は、デザインシンキングによるビジネスの課題解決を教える、デザインスクールの草分けであるアメリカ・シカゴのイリノイ工科大学Institute of Designの修士課程に在籍し、その後現地のデザイン／イノベーションコンサルティング会社でインターンをする機会を得たことだ。イリノイ工科大学では、本書で述べる機会発見を目的としたデザイン手法が体系化され、この領域のプロフェッショナルを産業界に輩出している。

ちなみに、イリノイ工科大学教授のヴィジェイ・クーマー氏が書いた『101デザインメソッド』というデザイン手法の解説書は、本書と同じ英治出版から翻訳が出版されており、こうしたつながりも本書執筆の背景の1つとなっている。

このようなバックグラウンドの中で、常に感じていたことが2つある。1つは、人間理解とイノベーションをセットにした、生活者起点で市場をつくるアプローチ（機会発見）は有効であるという実感である。2つ目は、一方でこうしたアプローチは、個人の思いつきや発想に依存するものと誤解され、属人的で再現性が低いと思われがちであるということだ。

このアプローチの実践を重ねるに従って、2つ目について強い問題意識を持つようになる。アメリカのデザインスクールでは、創造的な方法論の形式知化や体系化の努力がなされ、多くの人々と共有することで、実践の輪が拡大していった。こうした動きを参考に、著者自身も再現性を担保するために機会発見という考え方を形式知化し、社内外での研修やトレーニングの機会を通じて、様々な方と共有する機会を持つようになった。本書の原型は、こうした実践の中から生み出されたものである。

通常の業務の合間で研修やトレーニングを行っているだけでは限界があると感じ、書籍としてより多くの方と共有したいという思いから本書の企画と執筆を進めた。従来からある分析的なアプローチの解説書は世の中に多く存在する一方で、機会発見的なアプローチについての解説書はまだまだ少ないと感じている。

本書が読者の皆さんにとってのガイドとなり、機会発見アプローチの実践者の裾野が少しでも広がることを切に願っている。

最後に、これまで私にインスピレーションを与えていただいた職場の同僚、クライアントの皆さん、恩師や先輩の皆さんに感謝を申し上げたい。

なかでも、学生時代に社会学や建築・都市デザインの周辺をうろうろする私をマーケティングやビジネスの世界に導いていただいた株式会社ビー・エム・エフティーの大橋正房氏。社会学と建築・都市デザインの接合領域での研究をご指導いただいた大学院時代の指導教員である慶應義塾大学総合政策学部大江守之教授。これまでいくつかのプロジェクトを協業し、本書で述べている方法に関するいくつもの示唆をいただいたIDEO社の皆さん。イリノイ工科大学Institute of Design在籍時のアドバイザーであったヴィジェイ・クーマー氏。イリノイ工科大学の先輩で今も時折お会いして助言をいただく米国Institute for Creative Integration社の佐野慎氏。米国への研修出向を支援いただいた、博報堂の田中廣氏、白井博志氏、宮澤正憲氏。本書で述べたエスノグラフィ調査の原型となるプロジェクトをご一緒した博報堂の元同僚で現株式会社リ・パブリックの田村大氏。社内プロジェクトでもご一緒し、英治出版を紹介いただいたIssue + Designの筧裕介氏の各氏には特に感謝している。

博報堂イノベーションデザイン／ブランド・イノベーションデザイン局の同僚の皆さんとは日頃のディスカッションを通じて、本書につながる多くの示唆をいただいた。皆さんとご一緒できる職場環境でなかったらこの本は存在しなかったと思っている。

英治出版の山下智也さんには、企画段階から長期間に渡って並走していただいた。山下さんなくして本書は完成しなかった。この場を借りて厚く感謝を申し上げたい。

ここには書ききれないが、これまでたくさんの示唆をいただいたみなさんに、心から感謝したい。

２０１６年８月

詳細目次

○UX、ユーザーエクスペリエンス

安藤昌也『UXデザインの教科書』（丸善出版、2016年）

川西裕幸、栗山進、潮田浩『UXデザイン入門――ソフトウェア&サービスのユーザーエクスペリエンスを実現するプロセスと手法』（日経BP社、2012年）

Jaime Levy『UX戦略――ユーザー体験から考えるプロダクト作り』（安藤幸央監訳、長尾高弘訳、オライリー・ジャパン、2016年）

Jeff Patton『ユーザーストーリーマッピング』（川口恭伸監訳、長尾高弘訳、オライリー・ジャパン、2015年）

WHITNEY QUESENBERY、KEVIN BROOKS『ユーザエクスペリエンスのためのストーリーテリング――よりよいデザインを生み出すストーリーの作り方と伝え方』（UX TOKYO訳、丸善出版、2011年）

Bill Buxton, *Sketching User Experience: Getting the Design Right and the Right Design*, Morgan Kaufmann, 2007

James Kalbach, *Mapping Experience: A Complete Guide to Creating Value through Journeys, Blueprints, and Diagrams*, O'Reilly Media, 2016

○スタートアップ

アッシュ・マウリャ『Running Lean――実践リーンスタートアップ』（角征典訳、オライリー・ジャパン、2012年）

アレックス・オスターワルダー、イヴ・ピニュール『ビジネスモデル・ジェネレーション ビジネスモデル設計書――ビジョナリー、イノベーターと挑戦者のためのハンドブック』（小山龍介訳、翔泳社、2012年）

アレックス・オスターワルダー、イヴ・ピニュール、グレッグ・バーナーダ、アラン・スミス『バリュー・プロポジション・デザイン――顧客が欲しがる製品やサービスを創る』（関美和訳、翔泳社、2015年）

エリック・リース『リーン・スタートアップ――ムダのない起業プロセスでイノベーションを生みだす』（井口耕二訳、日経BP社、2012年）

シンディ・アルバレス『リーン顧客開発――「売れないリスク」を極小化する技術』（堤孝志、飯野将人監訳、児島修訳、オライリー・ジャパン、2015年）

スティーブン・G・ブランク『アントレプレナーの教科書――シリコンバレー式イノベーション・プロセス』（堤孝志、渡邊哲訳、翔泳社、2016年）

スティーブン・G・ブランク、ボブ・ドーフ『スタートアップ・マニュアル――ベンチャー創業から大企業の新事業立ち上げまで』（堤孝志、飯野将人訳、翔泳社、2012年）

Henry Kressel, Norman Winarsky, *If You Really Want to Change the World: A Guide to Creating, Building, and Sustaining Breakthrough Ventures*, Harvard Business Review Press, 2015

佐藤郁哉『フィールドワーク――書を持って街へ出よう』(新曜社、2006年)
佐藤郁哉『組織と経営について知るための実践フィールドワーク入門』(有斐閣、2002年)
ジェーン・フルトン・スーリ、IDEO『考えなしの行動?』(森博嗣訳、太田出版、2009年)
松波晴人『ビジネスマンのための「行動観察」入門』(講談社、2011年)
ヤン・チップチェイス、サイモン・スタインハルト『サイレント・ニーズ――ありふれた日常に潜む巨大なビジネスチャンスを探る』(福田篤人訳、英治出版、2014年)
ラッセル・ベルク、アイリーン・フィッシャー、ロバート・V・コジネッツ『消費者理解のための定性的マーケティング・リサーチ』(松井剛訳、碩学舎、2016年)

○製品・サービス開発

川上智子『顧客志向の新製品開発――マーケティングと技術のインタフェイス』(有斐閣、2005年)
栗木契、水越康介、吉田満梨『マーケティング・リフレーミング――視点が変わると価値が生まれる』(有斐閣、2012年)
近藤真寿男、近藤浩之『成功する商品開発――「買いたい」をつくる』(BMFT出版部、2012年)
玉樹真一郎『コンセプトのつくりかた――「つくる」を考える方法』(ダイヤモンド社、2012年)
デヴィッド・シルバースタイン、フィリップ・サミュエル、ニール・デカーロ『発想を事業化するイノベーション・ツールキット――機会の特定から実現性の証明まで』(野村恭彦監訳、清川幸美訳、英治出版、2015年)
テニー・ピニェイロ『サービス・スタートアップ――イノベーションを加速するサービスデザインのアプローチ』(武山政直監訳、早川書房、2015年)
遠山正道『スープで、いきます――商社マンがSoup Stock Tokyoを作る』(新潮社、2006年)
西川英彦、廣田章光編『1からの商品企画』(碩学舎、2012年)
延岡健太郎『製品開発の知識』(日本経済新聞社、2002年)
マーク・スティックドーン、ヤコブ・シュナイダー編『This is Service Design Thinking. Basics-Tools-Cases――領域横断的アプローチによるビジネスモデルの設計』(長谷川敦士、武山政直、渡邉康太郎監修・解説、郷司陽子訳、ビー・エヌ・エヌ新社、2013年)
三宅秀道『新しい市場のつくりかた――明日のための「余談の多い」経営学』(東洋経済新報社、2012年)
J・マルゴス・クラール『これからのマーケティングに役立つ、サービス・デザイン入門――商品開発・サービスに革新を巻き起こす、顧客目線のビジネス戦略』(長谷川敦士監修、郷司陽子訳、ビー・エヌ・エヌ新社、2015年)
Jonathan Cagan, Craig M. Vogel, *Creating Break Through Products: Revealing the Secrets that Drive Global Innovation*, FT Press, 2012
日経トレンディネット「ライバルはネイル、ヨガ、メール? ヒットメーカーがビールの逆襲に挑む」http://trendy.nikkeibp.co.jp/article/pickup/20071021/1003660/

佐宗邦威『21世紀のビジネスにデザイン思考が必要な理由』(クロスメディア・パブリッシング、2015年)

前野隆司編『システム×デザイン思考で世界を変える——慶應SDM「イノベーションのつくり方」』(日経BP社、2014年)

村田智明『問題解決に効く「行為のデザイン」思考法』(CCCメディアハウス、2015年)

ルーク・ウィリアムス『デザインコンサルタントの仕事術』(福田篤人訳、英治出版、2014年)

ロジャー・マーティン『インテグレーティブ・シンキング——優れた意思決定の秘密』(村井章子訳、日本経済新聞出版社、2009年)

山崎和彦、上田義弘、郷健太郎、髙橋克実、早川誠二、柳田宏治『エクスペリエンス・ビジョン——ユーザーを見つめてうれしい体験を企画するビジョン提案型デザイン手法』(丸善出版、2012年)

Dev Patnaik, *Wired to Care: How Companies Prosper When They Create Widespread Empathy*, FT Press, 2009

Jeanne Liedtka, Tim Ogilvie, *Designing for Growth: A Design Thinking Tool Kit for Managers*, Columbia University Press, 2011

Kim Erwin, *Communicating the New: Methods to Shape and Accelerate Innovation*, Wiley, 2013

Roger L. Martin, *The Design of Business: Why Design Thinking Is the Next Competitive Advantage*, Harvard Business Review Press, 2009

○デザイン方法論

ヴィジェイ・クーマー『101デザインメソッド——革新的な製品・サービスを生む「アイデアの道具箱」』(渡部典子訳、英治出版、2015年)

ジョン・S. プルーイット、タマラ・アドリン『ペルソナ戦略——マーケティング、製品開発、デザインを顧客志向にする』(Personadesign.net運営事務局監訳、秋本芳伸、岡田泰子、ラリス資子訳、2007年)

Bella Martin、Bruce Hanington『Research & Design Method Index——リサーチデザイン、新・100の法則』(郷司陽子訳、小野健太監修、ビー・エヌ・エヌ新社、2013年)

Kim Goodwin, *Designing for the Digital Age: How to Create Human-Centered Products and Services*, Wiley, 2009

Tom Greever, *Articulating Design Decisions: Communicate with Stakeholders, Keep Your Sanity, and Deliver the Best User Experience*, O'Reilly Media, 2015

William Lidwell, Kritina Holden, Jill Butler, *Universal Principles of Design*, Rockport Publishers, 2003

○フィールドワーク／エスノグラフィ

上野啓子『マーケティング・インタビュー——問題解決のヒントを「聞き出す」技術』(東洋経済新報社、2004年)

上田拓治『マーケティングリサーチの論理と技法』(日本評論社、2008年)

小田博志『エスノグラフィー入門——<現場>を質的研究する』(春秋社、2010年)

佐藤郁哉『フィールドワークの技法——問いを育てる、仮説をきたえる』(新曜社、2002年)

○ワークショップ／ファシリテーション

上田信行『プレイフル・シンキング――仕事を楽しくする思考法』（宣伝会議、2009年）

中野民夫『ワークショップ――新しい学びと創造の場』（岩波書店、2001年）

野村恭彦『イノベーション・ファシリテーター――3カ月で社会を変えるための思想と実践』（プレジデント社、2015年）

堀公俊『問題解決ファシリテーター――「ファシリテーション能力」養成講座』（東洋経済新報社、2003年）

堀公俊、加藤彰『ワークショップデザイン――知をつむぐ対話の場づくり』（日本経済新聞出版社、2008年）

堀公俊、加藤彰『ファシリテーション・グラフィック――議論を「見える化」する技法』（日本経済新聞社、2006年）

○クリエイティブ組織

阿部仁史、小野田泰明、本江正茂、堀口徹編著『プロジェクト・ブック』（彰国社、2005年）

イヴォン・シュイナード『社員をサーフィンに行かせよう――パタゴニア創業者の経営論』（森摂訳、東洋経済新報社、2007年）

岸本章弘、仲隆介、中西泰人、馬場正尊、みかんぐみ『Post-office――ワークスペース改造計画』（TOTO出版、2006年）

ティム・ブラウン『デザイン思考が世界を変える――イノベーションを導く新しい考え方』（千葉敏生訳、早川書房、2014年）

トム・ケリー、ジョナサン・リットマン『発想する会社!――世界最高のデザイン・ファームIDEOに学ぶイノベーションの技法』（早川書房、2002年）

トム・ケリー、ジョナサン・リットマン『イノベーションの達人!――発想する会社をつくる10の人材』（早川書房、2006年）

トム・ケリー、デイヴィッド・ケリー『クリエイティブ・マインドセット――想像力・好奇心・勇気が目覚める驚異の思考法』（千葉敏生訳、日経BP社、2014年）

ピーター・M・センゲ『学習する組織――システム思考で未来を創造する』（枝廣淳子、小田理一郎、中小路佳代子訳、英治出版、2011年）

米光一成『仕事を100倍楽しくするプロジェクト攻略本』（ベストセラーズ、2007年）

渡辺英夫、「超感性経営」編集委員会『超感性経営――ソニー伝説のストラテジストが授けるデザインマネジメント・メソッド:25』（ラトルズ、2009年）

Dave Gray、Thomas Vander Wal『コネクト――企業と顧客が相互接続された未来の働き方』（野村恭彦監訳、牧野聡訳、オライリー・ジャパン、2013年）

M・チクセントミハイ『楽しみの社会学［改訂新装版］』（今村浩明訳、新思索社、2001年）

○デザイン思考

エレン・ラプトン編『問題解決ができる、デザインの発想法』（郷司陽子訳、ビー・エヌ・エヌ新社、2012年）

奥出直人『デザイン思考の道具箱――イノベーションを生む会社のつくり方』（早川書房、2013年）

紺野登『ビジネスのためのデザイン思考』（東洋経済新報社、2010年）

○デザイン論

アンソニー・ダン、フィオナ・レイビー『スペキュラティヴ・デザイン 問題解決から、問題提起へ。——未来を思索するためにデザインができること』（久保田晃弘監修、千葉敏生訳、ビー・エヌ・エヌ新社、2015年）

イヴァン・イリイチ『コンヴィヴィアリティのための道具』（渡辺京二、渡辺梨佐訳、筑摩書房、2015年）

ヴィクター・パパネック『生きのびるためのデザイン』（阿部公正、和爾祥隆訳、晶文社、1974年）

クラウス・クリッペンドルフ『意味論的転回——デザインの新しい基礎理論』（小林昭世、川間哲夫、國澤好衛、小口裕史、蓮池公威、西澤弘行、氏家良樹訳、星雲社、2009年）

クリストファー・アレグザンダー『形の合成に関するノート——都市はツリーではない』（稲葉武司、押野見邦英訳、鹿島出版会、2013年）

D・A・ノーマン『誰のためのデザイン?——認知科学者のデザイン原論』（岡本明、安村通晃、伊賀聡一郎、野島久雄訳、新曜社、2015年）

○クリエイティブ思考

ダニエル・ピンク『ハイ・コンセプト——「新しいこと」を考え出す人の時代』（大前研一訳、三笠書房、2006年）

ダン・ローム『描いて売り込め! 超ビジュアルシンキング』（小川敏子訳、講談社、2009年）

デビッド・シベット『ビジュアル・ミーティング——予想外のアイデアと成果を生む「チーム会議」術』（堀公俊監訳、トライローグ訳、朝日新聞出版、2013年）

ピーター・ティール、ブレイク・マスターズ『ゼロ・トゥ・ワン——君はゼロから何を生み出せるか』（関美和訳、NHK出版、2014年）

B・エドワーズ『脳の右側で描け［第3版］』（北村孝一訳、エルテ出版、2002年）

Robert H. McKim, *Thinking Visually: A Strategy Manual for Problem Solving*, Lifetime Learning Pub, 1980

○アイデア発想法

梅棹忠夫『知的生産の技術』（岩波書店、1976年）

加藤昌治『考具——考えるための道具、持っていますか?』（CCCメディアハウス、2003年）

苅谷剛彦『知的複眼思考法——誰でも持っている創造力のスイッチ』（講談社、2002年）

川喜田二郎『発想法——創造性開発のために』（中央公論社、1967年）

川喜田二郎『続・発想法——KJ法の展開と応用』（中央公論社、1970年）

ジェームス・W・ヤング『アイデアのつくり方』（今井茂雄訳、CCCメディアハウス、1988年）

スコット・ドーリー、スコット・ウィットフト『MAKE SPACE メイク・スペース——スタンフォード大学dスクールが実践する創造性を最大化する「場」のつくり方』（イトーキ オフィス総合研究所監修、藤原朝子訳、阪急コミュニケーションズ、2012年）

チップ・ハース、ダン・ハース『アイデアのちから』（飯岡美紀訳、日経BP社、2008年）

中西泰人、岩嵜博論、佐藤益大『アイデアキャンプ——創造する時代の働き方』（NTT出版、2011年）

Dave Gray、Sunni Brown、James Macanufo『ゲームストーミング——会議、チーム、プロジェクトを成功へと導く87のゲーム』（野村恭彦監訳、武舎広幸、武舎るみ訳、オライリー・ジャパン、2011年）

参考文献

○イノベーション論／経営戦略論

クレイトン・クリステンセン『イノベーションのジレンマ――技術革新が巨大企業を滅ぼすとき』（玉田俊平太監修、伊豆原弓訳、翔泳社、2001年）

ゲイリー・ハメル、ビル・ブリーン『経営の未来――マネジメントをイノベーションせよ』（藤井清美訳、日本経済新聞出版社、2008年）

ハルトムット・エスリンガー『デザインイノベーション――デザイン攻略の次の一手』（黒輪篤嗣訳、翔泳社、2010年）

ヘンリー・ミンツバーグ、ブルース・アルストランド、ジョセフ・ランペル『戦略サファリ［第2版］――戦略マネジメント・コンプリート・ガイドブック』（齋藤嘉則監訳、東洋経済新報社、2012年）

ラリー・キーリー、ライアン・ピッケル、ブライアン・クイン、ヘレン・ウォルターズ『ビジネスモデル・イノベーション――ブレークスルーを起こすフレームワーク10』（平野敦士カール監修、藤井清美訳、朝日新聞出版、2014年）

ロベルト・ベルガンティ『デザイン・ドリブン・イノベーション――製品が持つ意味のイノベーションを実現した企業だけが、市場優位に立つ』（佐藤典司監訳、岩谷昌樹、八重樫文監訳・訳、立命館大学経営学部DML訳、同友館、2012年）

A・G・ラフリー、ラム・チャラン『ゲームの変革者――イノベーションで収益を伸ばす』（斎藤聖美訳、日本経済新聞出版社、2009年）

M・E・ポーター『［新版］競争の戦略』（土岐坤、中辻万治、服部照夫訳、ダイヤモンド社、1995年）

W・チャン・キム、レネ・モボルニュ『［新版］ブルー・オーシャン戦略――競争のない世界を創造する』（入山章栄監訳、有賀裕子訳、ダイヤモンド社、2015年）

○問題解決

安宅和人『イシューからはじめよ――知的生産の「シンプルな本質」』（英治出版、2010年）

齋藤嘉則『［新版］問題解決プロフェッショナル――「思考と技術」』（ダイヤモンド社、2010年）

高田貴久『ロジカル・プレゼンテーション――自分の考えを効果的に伝える戦略コンサルタントの「提案の技術」』（英治出版、2004年）

高田貴久、岩澤智之『問題解決――あらゆる課題を突破するビジネスパーソン必須の仕事術』（英治出版、2014年）

照屋華子、岡田恵子『ロジカル・シンキング――論理的な思考と構成のスキル』（東洋経済新報社、2001年）

バーバラ・ミント『考える技術・書く技術――問題解決力を伸ばすピラミッド原則』（グロービス・マネジメント・インスティテュート監修、山崎康司訳、ダイヤモンド社、1999年）

渡辺健介『世界一やさしい問題解決の授業』（ダイヤモンド社、2007年）

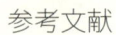

岩嵜 博論
Hironori Iwasaki

株式会社博報堂
博報堂イノベーションデザイン ディレクター
ブランド・イノベーションデザイン局 イノベーションデザイン部 部長

博報堂において国内外のマーケティング戦略立案やブランドプロジェクトに携わった後、近年は生活者起点のイノベーションプロジェクトをリードしている。専門は、新製品・サービス開発、新規事業開発、UX 戦略、ブランド戦略、マーケティング戦略、エスノグラフィ調査、プロセスファシリテーション。

国際基督教大学（ICU）教養学部卒業、慶應義塾大学大学院政策・メディア研究科修士課程修了、イリノイ工科大学 Institute of Design 修士課程修了。

共著に『アイデアキャンプ――創造する時代の働き方」（NTT 出版）、『FAB に何が可能か――「つくりながら生きる」21 世紀の野生の思考』（フィルムアート社）などがある。

● 英治出版からのお知らせ
本書に関するご意見・ご感想を E-mail (editor@eijipress.co.jp) で受け付けています。
また、英治出版ではメールマガジン、ブログ、ツイッターなどで新刊情報や
イベント情報を配信しております。ぜひ一度、アクセスしてみてください。

メールマガジン ：会員登録はホームページにて
ブログ ：www.eijipress.co.jp/blog
ツイッター ID ：@eijipress
フェイスブック ：www.facebook.com/eijipress

機会発見
生活者起点で市場をつくる

発行日 2016年9月25日 第1版 第1刷

著者 岩嵜博論（いわさき・ひろのり）

発行人 原田英治
発行 英治出版株式会社
〒150-0022 東京都渋谷区恵比寿南 1-9-12 ピトレスクビル 4F
電話 03-5773-0193 FAX 03-5773-0194
http://www.eijipress.co.jp/
プロデューサー 山下智也
スタッフ 原田涼子 高野達成 岩田大志 藤竹賢一郎 鈴木美穂
下田理 田中三枝 山見玲加 安村侑希子 平野貴裕
山本有子 上村悠也 渡邊吏佐子 中西さおり
印刷・製本 大日本印刷株式会社
装丁 遠藤陽一（Design Workshop Jin, Inc.）
イラスト 桑原秀平
校正 小林伸子
編集協力 ガイア・オペレーションズ

ISBN978-4-86276-229-0 C0034 Printed in Japan